**Wolfgang Streich**

# Dios se comunica: Una voz audible y comprensible

**Wolfgang Streich**

# Dios se comunica: Una voz audible y comprensible

## Biblia y Comunicación - Breve comentario del Génesis al Apocalipsis

**CREDO EDICIONES**

**Imprint**



Cover image: www.ingimage.com

Publisher:
CREDO EDICIONES
is a trademark of
Dodo Books Indian Ocean Ltd., member of the OmniScriptum S.R.L Publishing group
str. A.Russo 15, of. 61, Chisinau-2068, Republic of Moldova Europe
Printed at: see last page
**ISBN: 978-613-5-40546-0**

**Dios se comunica: Una voz audible y comprensible – Biblia y Comunicación – Breve comentario del Génesis al Apocalipsis**

Por Wolfgang A. Streich

La presente serie de comentarios sobre Biblia y Comunicación fueron escritas durante la pandemia del Covid – 19. El material está dirigido a pastores, líderes y miembros de iglesias evangélicas que quieran profundizar en el tema de la Comunicación en la Biblia, y para fortalecer los departamentos de Comunicación de las iglesias locales. Cada comentario tiene entre 600 y 800 palabras siendo una introducción al tema, que esperamos ampliarlos en un siguiente material. Deseo que esto sea una bendición para cada lector y animo a cada uno a leer la Biblia y subrayar con colores cada acto de comunicación que aparecen en los libros de la Biblia.

Wolfgang A. Streich
https://wsparaguay.wordpress.com/
wsparaguay@gmail.com
+595 971316800

Este material llega a usted gracias a Red Buenas Noticias Ilimitadas, y Revista Zoom In: El evangelio visto de cerca.

# ÍNDICE

**Antiguo Testamento**

## 1. Génesis: El origen de todo está en la voz de Dios

La primera acción de Dios en el libro de Génesis es un acto de comunicación.
Para mostrar esto de una manera objetiva, se puede analizar Génesis 1.3

"Entonces dijo Dios".

Decir, según el diccionario de la RAE, significa:

Manifestar con palabras un pensamiento.

Por lo tanto, esta manifestación (Gn 1.3) no cabe duda que es un acto de comunicación. El emisor es Dios, el cual quiere transmitir un mensaje, que es ese pensamiento transmitido con palabras.

El receptor es el universo (mundo, animales, plantas, ser humano...). El código que utiliza es la palabra, que todos conocemos y el canal es ese viento divino que aleteaba sobre las aguas. Y este proceso de comunicación se repite a lo largo del capítulo 1 del Génesis en diferentes versículos.

Pero éste no es el único acto comunicativo de Dios. Todo el libro de Génesis está salpicado de actos comunicativos de Dios.

Desde su misma creación Dios tiene una comunicación con el ser humano, antes de la entrada del pecado y luego también.

Génesis es solamente el inicio de la gran historia de la comunicación de Dios con el ser humano. Es bueno leer el primer libro de la Biblia señalando o subrayando aquellas palabras que tienen que ver con la comunicación, sobre todo el verbo decir, pero también oír, escuchar, responder, replicar, explicar..., etc.

La comunicación es una de las características que Dios tiene. Y, entonces, la ciencia que se ocupa de Dios, de sus atributos, características y perfecciones (la teología), debería ocuparse también de la comunicación. En este sentido, cada cristiano debería ser estudioso de la teología, y también de la comunicación.

Por supuesto, mi consejo es que también los seminarios teológicos no solo estudien la Biblia, sino también los principios de la comunicación, para comprender mejor la dinámica de la revelación, la inspiración y las distintas formas que Dios ha utilizado para comunicarse con el pueblo de Israel en la antigüedad, con la iglesia cristiana del Nuevo Testamento y también en la actualidad.

El no entender las diferentes formas de comunicación de Dios ha llevado a terribles errores teológicos en el pasado y en el presente.

Aunque no podemos entender perfectamente la dinámica de la comunicación de Dios, ya que aún los teólogos que estudiamos teología nos vemos limitados por la propia naturaleza pecaminosa, el Espíritu Santo nos capacita y nos da palabras para comunicar el Evangelio. Sí, señalo que personalmente me lleno de asombro cada vez más en lo persistente que es Dios y cómo busca comunicarse con cada persona individualmente.

En Génesis:

En la creación (cap. 1 y 2). Ante la caída del ser humano (cap. 3 al 5); ante la maldad humana (cap. 6 al 11). Algo notable son los pactos que Dios realizó con los patriarcas y con su pueblo escogido (cap. 12 al 50).

No tengo el espacio suficiente para mencionar cada historia donde Dios se comunica, pero por lo menos trataré de mencionar a los personajes: Adán y Eva, Abel y Caín, Noé y su familia, Abraham y Sara, Agar, Lot y su familia, Isaac, Jacob y Esaú, terminando con José.

Son historias que las damos por sabidas ya que las hemos leído y escuchado desde niños en la iglesia. Pero léalas de nuevo, subraye, medite, siempre encontrará algo nuevo, especialmente desde el enfoque de la comunicación de Dios con el ser humano.

Siga con nosotros que estaremos yendo libro por libro del Antiguo Testamento.

No olvide de marcar los anticipos del Mesías venidero, nuestro señor Jesucristo, en el libro de Génesis.

Bendiciones y ¡hasta la próxima!

## 2. Éxodo: hablando de poder y liberación

El libro del Éxodo, relata literalmente esto: la salida luego de 400 años de esclavitud del pueblo de Israel en Egipto. El protagonista principal es Dios, mientras Moisés es el instrumento de Dios para guiar al pueblo.

Por un lado, vemos a un Moisés vulnerable, que es salvado de las aguas y adoptado por la hija de Faraón. Ya de grande se lo nota muy impetuoso al matar a un esclavo egipcio. Notablemente Dios lo envía al desierto, donde debe pasar 40 años mayormente en silencio y reflexión. Allí Dios le habla desde una zarza ardiente y lo llama a volver a Egipto para liberar a su pueblo.

Éxodo es un libro lleno de actos de comunicación de Dios. Las 10 plagas, el mar que se abre, una liberación maravillosa. El pueblo canta y baila de gozo. Pero poco después caen en la murmuración, las quejas, las peleas y conflictos, el engaño, la violencia, la desobediencia. Dios tuvo que actuar varias veces duramente con el pueblo, aunque nunca dejó de amarlos. Quizá como forma en que el pueblo tenga una convivencia más sana y con la conciencia de la presencia de Dios, él instaura el sistema del Tabernáculo, el sacerdocio y los sacrificios y ofrendas diarias. Dios quería estar permanentemente en el centro mismo de su pueblo. Todo este sistema apuntaba en absolutamente todo a Cristo.

El tema de la ley y los 10 mandamientos fue según Pablo una guía, un ayudante, para llevarlos a Cristo. Aunque podemos sacar grandes enseñanzas de los 10 mandamientos para el día de hoy, lo que sabemos categóricamente es que nadie sino solo Jesucristo, pudo cumplir el espíritu de la ley. Es evidente que los israelitas nunca pudieron guardarla.

Mi texto preferido de Éxodo se encuentra en una conversación entre Dios y Moisés:

Moisés le dijo al Señor: Tu insistes que debo guiar a este pueblo, pero no me has dicho a quién enviarás conmigo. También me has dicho que soy tu amigo y que cuento con tu favor. Pues si realmente es así, dime que quieres que haga. Así sabré que en verdad cuento con tu favor. Ten presente que los israelitas son tu pueblo.
Yo mismo iré contigo y te daré descanso – respondió el Señor.
O vas con todos nosotros – replicó Moisés -, o mejor no nos hagas salir de aquí. Si no vienes con nosotros, ¿Cómo vamos a saber, tu pueblo y yo, que contamos con tu favor? ¿En qué seríamos diferentes a los demás pueblos de la tierra?
Está bien, haré lo que me pides – le dijo el Señor a Moisés -, pues cuentas con mi favor y te considero mi amigo. (Ex 33.12-17)

Luego de esta hermosa conversación entre el Dios Todopoderoso y su amigo Moisés existe una Teofanía donde Dios muestra su gloria a Moisés. Tan cercano fue el encuentro de Dios con Moisés que los israelitas no podían ver a Moisés a la cara a causa del reflejo de la gloria de Dios. (Ex 34) Pablo compara el velo de Moisés con la dureza del corazón de los israelitas para aceptar a Jesús como el Mesías (2 Co 3.13-15).

Aunque muchos proponen actualmente volver a implementar las leyes del Éxodo, ya lo tenemos a Jesucristo, Dios con nosotros, quién quitó la maldición de la ley y la clavó en la cruz; Jesús nos presentó sus mandatos de amor. Quizá podría hacerse una comparación entre el Monte Sinaí con el Monte de las Bienaventuranzas, o el Monte Sinaí con el Monte Calvario.

Aunque personalmente tengo mis dudas en centrarnos en los mandamientos del Éxodo, creo que debemos centrarnos en Dios como comunicador y en la mansedumbre de Moisés al comunicarse. Todo lo demás son símbolos y señales de quién ya vino y ha hecho su morada con nosotros, dejando su trono de gloria se vino a encarnar como uno de nosotros, para liberarnos de la condenación de la ley.

Bendiciones y ¡hasta la próxima!

### 3. Levítico: Dios quiere la salud integral de su pueblo

A pesar que estoy convencido de que las leyes de salud, especialmente las referentes a la alimentación en el libro de Levítico no siguen vigentes en la actualidad, quizá hay algunos principios que podríamos aplicarlos a lo que está sucediendo en nuestro mundo con el tema de la pandemia del Covid 19 o Coronavirus.

En ese momento especial de la historia de Israel el Señor colocó ciertas normas como la cuarentena.

En Lv. 12 encontramos una cuarentena a las mujeres luego del parto. Y luego en los caps. 13 al 15 una cuarentena para posibles enfermos de lepra. Habría que destacar aquí, que la enfermedad que en nuestras biblias aparece como "lepra", en realidad era otra enfermedad, nada tiene que ver con el mal de Hansen que conocemos también como lepra hoy en día.

Esto lo sé ya que uno de mis mejores amigos fue Nicolás, un hombre de más de 80 años que ya falleció, quién vivió más de 60 años en el Leprocomio Santa Isabel. Quizá si a ud. le interesa la historia que le estoy relatando, puede buscarla en el blog

https://redbnil8.wordpress.com/

Volvamos al libro de Levítico… y es interesante prestar atención a la relación de la salud física con la salud espiritual. Hasta el cap. 15 se habla mucho de la pureza física, y en el cap. 16 se la relaciona con el ceremonial espiritual, del día de la expiación, que era algo así como un día de ayuno y oración, en la cual se prefiguraba el sacrificio de Jesús, con el elemento didáctico del cordero de la expiación. Dios pide que el pueblo se prepare de una manera especial, para un encuentro especial, una vez al año.

En este sentido Dios esperaba que el pueblo esté moralmente puro, que el estilo de vida sea el encomendado por él, y aunque no tenemos hoy la prohibición de comer ciertos alimentos, grasa o sangre, es posible que sí tengamos que tener en cuenta otras normas que tienen un consenso médico como el ejercicio físico, una dieta equilibrada sin mucha carne, y el consumo abundante de verduras, frutas, cereales integrales y oleaginosas. Por supuesto con cordura uno puede comer carnes rojas, blancas o pescado.

No me detendré mucho en cada aspecto del libro de Levítico, pero por sobre todo Dios quería tener un pueblo limpio y puro de corazón.

Volviendo al tema del Coronavirus hoy me molestó tremendamente ver en TV argentina a un pastor vendiendo a 1.000 pesos una botellita de alcohol en gel bendecida para protegerse del Coronavirus. Me parece tan terrible que haya "líderes espirituales" que se aprovechan de la gente en medio de esta terrible pandemia mundial. Yo creo que cualquier pastor que se aproveche de esta situación debería tomar una piedra de molino al cuello y ….

Quizá si Dios tuviera que darnos alguna ley levítica en medio de la pandemia del Covid 19, estaría de acuerdo con los médicos: El aislamiento en la casa, lavamiento de las manos, evitar el saludo con la mano o besos, y quizá hasta suprimiría los cultos en el templo…

"El Dios que hizo el mundo y todo lo que hay en él es Señor del cielo y de la tierra. No vive en templos construidos por hombres, ni se deja servir por manos humanas, como si necesitara de algo. Por el contrario, él es quien da a todos la vida, el aliento y todas las cosas. De un solo hombre hizo todas las naciones para que habitaran toda la tierra; y determinó los períodos de su historia y las fronteras de sus territorios. Esto lo hizo Dios para que todos lo busquen y, aunque sea a tientas, lo encuentren. En verdad, él no está lejos de ninguno de nosotros, "puesto que en él vivimos, nos movemos y existimos". Como algunos de sus propios poetas griegos han dicho: "De él somos descendientes" (Hch 17.24-28)

Y la gran pregunta es ¿Qué hay de comunicación en Levítico? Dios quiere la salud integral de sus hijos y nos lo hizo saber a través de Jesucristo. El llevó todas nuestras enfermedades (Is. 53. 4-5).

Para terminar, comparto una bella oración que encontré en el Facebook.

Una oración mientras me lavo las manos:

Dios de sanación y bienestar,

Mientras me lavo las manos te pido

que puedas limpiarme de otros virus invisibles;

Los virus del alma:

Miedo, odio, orgullo, codicia, lujuria, hostilidad,

Supremacía, superioridad, interés egoísta,

Y todo egoísmo del corazón.

Mientras me uno a miles de millones de otros en esta práctica,

Ayúdame a sentir lo profundamente que estamos todos conectados; e igualmente, amados infinitamente por ti.

Bendiciones y ¡hasta la próxima!

## 4. Números: No es solamente matemáticas

Al leer el título del libro de Números, debo reconocer que, desde niño, no me resultaba muy atractivo leerlo. No solamente que el libro inicia con una lista que parece interminable de nombres raros, sino que yo tenía un gran problema con las matemáticas. Aún de adulto, actualmente me cuesta una enormidad realizar una simple multiplicación sin ayuda de una calculadora. Me resulta estresante lograr obtener el porcentaje de una suma x, aunque en la iglesia donde crecí me enseñaron muy bien a calcular cuánto es el 10% de algo.

Bueno, el libro de Números se enmarca entre dos grandes censos donde personas específicas debieron cuantificar la cantidad de personas que había en cada tribu de Israel (caps. 1 al 4 y 26).

No era necesario para Dios hacer un censo, porque él tiene contado aún los cabellos de cada persona; pero para la historia de Israel y la organización de cada tribu era necesario estar organizados. Por eso, creería que no es malo hoy que las iglesias tengan una lista actualizada de miembros, con sus direcciones, números de teléfono, email, y otros datos.

Saliendo de este tema, este libro resulta sumamente interesante y tiene historias realmente apasionantes para chicos y grandes. La mayoría de ellas tienen interesantes asuntos relacionados a la comunicación.

Solo por mencionar algunas: La señal de las trompetas (cap. 10); el fuego del Señor, las quejas del pueblo y la queja de Moisés (cap. 11); las quejas de Miriam y Aarón (cap. 12); los 12 espías y su informe (cap.13); la rebelión del pueblo (cap. 14); ofrendas y recordatorios (cap. 15); la rebelión de Coré, Datán y Abriran y la murmuración del pueblo (cap. 16); la vara de Aarón (cap. 17); el agua de la purificación (cap. 19); y el agua de la roca (cap. 20).

Todos estos episodios están llenos de actos de comunicación, de Dios hacia el pueblo, del pueblo hacia Dios, y entre personas del pueblo. Es notorio cuánta comunicación llena de ruidos surgía entre el pueblo, y cómo Dios debía intervenir de diversas formas para poner orden en este pueblo, al cual no tenemos nada que recriminar. Hoy nuestro mundo se comunica de la misma manera (a veces cara a cara y a veces por el Facebook).

Me llama la atención las medidas drásticas que deben tomar hoy algunos gobiernos para que la población se tranquilice y quede en sus casas ante el Covid-19. Creería que a veces nos parecemos demasiado a ese pueblo en el desierto.

Un caso que creo que es muy relevante en el tema de la comunicación es la conversación entre Balán (el profeta codicioso) y su burra (cap. 22). Para muchos parecería simplemente una historia para niños de la escuela dominical, pero recomiendo leer el libro "Seamos como niños" de la Fraternidad Teológica Latinoamericana (FTL), ediciones Kairos, y especialmente un capítulo donde el Dr. Edesio Sánchez Cetina realiza un interesante análisis de la historia de la burra parlanchina, o mejor, del profeta cabeza dura, y sus implicaciones teológicas para la actualidad. Si no tiene el libro puede leerlo en mi blog:

https://wsparaguay.wordpress.com/2018/06/19/el-reino-de-dios-es-cosa-de-ninos/

El libro de Números continúa con un calendario litúrgico (cap. 29); y algunos temas interesantes como la distribución de la tierra. Algo muy importante es la comunicación salvífica de parte de Dios, su amor y paciencia con el pueblo.

Me llaman la atención dos temas, los derechos de las mujeres (caps. 27 y 36) y las ciudades de refugio (cap. 35).

Aún en tiempos donde no existían los derechos de la mujer, Dios comunicó que las mujeres tienen derecho, existen, y deben ser respetadas. Aún personas que cometieron algún accidente fatal tenían lugares donde refugiarse ante la amenaza de ser asesinados.

El libro de Números, es más que solamente números. Le dejo el desafío de encontrar los puntos de comunicación, los errores en la comunicación y la misericordiosa comunicación de un Dios, que nos ama, y entiende nuestra dificultad para las matemáticas.

Una bendecida semana, y si sabe cuántas personas hay en su ciudad con Covid-19, ore por ellos uno por uno, y si debe quedarse en casa, analice muy bien esta semana el libro de Números. Bendiciones y ¡hasta la próxima!

## 5. Deuteronomio: un Dios – un pueblo – una tierra – una ley

Si bien Deuteronomio en griego significa "segunda ley" en hebreo no lleva este nombre, sino que literalmente se llama "Estas son las palabras".

La composición propiamente dicha del libro tiene que ser de varios autores ya que es como una compilación de la historia del pueblo con el liderazgo de Moisés, la sucesión de Josué y la muerte de Moisés.

El Deuteronomio se estructura a partir de tres grandes sermones que Moisés dirige al pueblo:

El primero (caps. 1 al 4) es una revisión del pasado de Israel donde se llama al pueblo a ser fiel al Señor y a evitar la idolatría.

El segundo (caps. 5 al 26) es la exigencia de la aplicación de la ley y un llamado a la santidad.

El tercero (caps. 27 al 31) habla de las fortalezas de la obediencia y las amenazas de la desobediencia a Dios.

En el cap. 32 aparece un cántico de Moisés, en el cap. 33 Moisés bendice a Israel y en el cap. 34 se relata la muerte y sepultura de Moisés.

Deuteronomio se podría resumir en las siguientes características: un Dios, un pueblo, un templo, una tierra, una ley.

La mayor parte de los sucesos de Deuteronomio ya son relatados en los otros libros de Moisés, si bien pareciera que se añaden algunos detalles puesto que el libro está escrito desde la perspectiva del final de la vida del líder del pueblo.

Esto siempre ocurre en la vida de las personas. Muchas veces que uno escribe algo, con el correr del tiempo uno debe agregar o modificar el texto dado que la reflexión y los años nos presentan nuevas perspectivas o cosas en las que no nos habíamos fijado.

Si bien sabemos que la palabra de Dios no puede ser modificada, sabemos que los profetas no recibieron el texto dictado por Dios, aunque sabemos que Dios fue guiándoles en el proceso. Lo que sí podemos asegurar es que la Biblia es un libro confiable, y nos enriquece mucho el tema de que existan historias relatadas desde diferentes puntos de vista, a veces por un mismo autor y a veces por diferentes (por ejemplo, los evangelios; o la historia de los reyes de Israel y Judá; etc.).

Uno de los efectos comunicativos del libro de Deuteronomio se encuentra en 2 de Reyes 22 y 23, donde el rey Josías encuentra un rollo perdido del libro, y a partir de este se realiza toda una reforma y una renovación del pacto.

También Jesús y los apóstoles mencionan partes de Deuteronomio en numerosas ocasiones.

¿Qué hay sobre comunicación en Deuteronomio? Veamos solo algunos ejemplos:

– Podemos incentivar a otros a obedecer a Dios.

– Deuteronomio enseña una obediencia por fe y no por méritos.

– Podemos comunicar el amor de Dios a las nuevas generaciones.

– Debemos realizar llamados a la unidad.

– Podemos comunicar las bendiciones de conocer a Dios.

– Debemos hacer llamados al arrepentimiento y a la renovación de la fe en estos tiempos difíciles.

– El cántico y la alabanza son formas de comunicar nuestras historias de fe.

Concluyendo este conjunto de libros conocidos como el Pentateuco, podemos recordar que Jesús nos hace un llamado a ir más allá de la letra de la ley de Moisés. Bajo el Nuevo Pacto el espíritu de la ley ya no es solamente letras escritas sobre piedras, o sobre papel, sino que el Espíritu Santo graba en nuestro corazón la voluntad del Señor y el deseo de obedecerla.
Un desafío para estos tiempos de pandemia: Pida al Señor el poder tener la bendición de comunicar su mensaje de gracia y salvación a personas que están dando vuelta en el desierto de Coronavirus.

Bendiciones y ¡hasta la próxima!

## 6. Josué: Un líder con una comunicación clara

Estamos en días de la Semana Santa. Podemos identificar primeramente que Josué en su nombre mismo es una figura del Señor Jesús. Básicamente la raíz de ambos nombres es la misma.

Josué fue un líder de una comunicación impactante; continuando los pasos de Moisés siguió la dirección de Dios y él entendía y utilizaba con singular éxito los principios básicos de la comunicación. Él era un líder que sabía cómo comunicarse con Dios y con los seres humanos. En diversas partes del libro se puede notar su don de diálogo y su fortaleza al impartir instrucciones al pueblo. Esto se nota en la conquista de Canaán, en el establecimiento de las diferentes tribus, la distribución de la tierra, y la unificación del culto a Jehová ante la amenaza de que cada tribu forme su propio culto.

Josué dio instrucciones claras y dirección cuidadosa en cada paso del camino. Al inicio mismo del libro se señala:

"Entonces Josué dio la siguiente orden a los jefes del pueblo: «Vayan por todo el campamento y díganle al pueblo que prepare provisiones, porque dentro de tres días cruzará el río Jordán para tomar posesión del territorio que Dios el Señor le da como herencia». (1. 10-11)

En el libro aparecen palabras de instrucción. Solo por mencionar un ejemplo:

"Entonces Josué les dijo a los israelitas: Acérquense y escuchen lo que Dios el Señor tiene que decirles" (3.9).

También palabras de aliento: "Entonces Josué les dijo: No teman ni den un paso atrás; al contrario, sean fuertes y valientes. Esto es exactamente lo que el Señor hará con todos los que ustedes enfrenten en batalla (10.25).

Dio indicaciones claras: "A la séptima vuelta, los sacerdotes tocaron las trompetas, y Josué le ordenó al ejército: ¡Empiecen a gritar! ¡El Señor les ha entregado la ciudad!" (6.16).

Con sus palabras ayudaba al pueblo a recordar el pasado. Todo el cap. 24 es una clase magistral de historia.

La lectura de todo el libro subrayando los actos comunicativos nos muestran la habilidad de Josué para enseñar, predicar, desafiar, interpelar, preguntar, reflexionar e impulsar a la acción. La tarea de Josué era ofrecer comprensión y cooperación, para que Israel pueda ocupar la tierra. En toda su comunicarse fue impecable. Pero esto no fue algo simplemente casual o por una cualidad de su temperamento. Mucho de este liderazgo lo aprendió en el proceso de 40 años en el desierto. Pero la mejor decisión fue seguir la dirección del Señor desde el mismo inicio. La instrucción fue: "Ya te lo he ordenado: ¡Sé fuerte y valiente! ¡No tengas miedo ni te desanimes! Porque el Señor tu Dios te acompañará dondequiera que vayas". (1.9)

El liderazgo de Josué se caracterizó por el no tener miedo a los obstáculos y amenazas. Aunque estás existieron él no se tiró hacia atrás. Aunque no podemos evitar que existan barreras Josué confiando en las instrucciones del Señor siguió adelante, motivando al pueblo a ir hacia adelante. Él conocía de primera mano al Señor y gracias a esto sus instrucciones siempre fueron bien claras. Él sabía que es lo que tenía que comunicar y era claro y preciso.

Josué también conocía muy bien al pueblo, a las personas, y esto le ayudaba mucho a ser un buen comunicador. También sabía escuchar, dialogar con las personas y aceptaba sugerencias de ellos y respondía con mucha sabiduría.

¡Qué buen ejemplo para nosotros es Josué como comunicador!

Quizá cierro con algunas preguntas:

¿Cómo estamos manejando la comunicación en nuestra casa durante la cuarentena? ¿Qué puedo hacer para dialogar con mi familia en estos días? ¿Qué comunico en mis redes sociales? ¿Cómo podemos prepararnos durante "el desierto de la cuarentena" para luego conquistar la tierra que el Señor tiene para nosotros?

Bendiciones y ¡hasta la próxima!

### 7. Jueces: Comunicación de Dios en medio de la desorganización

El libro de Jueces describe la actuación de 12 «jueces» que habría tenido el pueblo de Israel durante los siglos posteriores a la muerte de Josué y anteriores a la monarquía.

El libro cubre más o menos un período de 350 años; desde la muerte de Josué hasta el final del período de los jueces, el cual culmina con la vida de Samuel.

Israel no pudo derrotar y expulsar a todos los otros pueblos de la tierra de Canaán. La narración de todo el libro es como una secuencia de hechos cíclicos y reiterativos donde el pueblo se aleja de Jehová, los enemigos vencen, el pueblo se vuelve a Jehová, y el pueblo vence. Un sistema fácil de recordar esto son 4 pasos relacionados con la letra R: (Recaída, Retribución, Renacer y Rescate).

El tema general del libro es que cuando el pueblo de Dios obedece sus mandamientos y su guía, el trabajo prospera y ellos experimentan paz y gozo. Sin embargo, cuando siguen sus propias inclinaciones y actúan como si fueran la autoridad suprema, la pobreza, el conflicto y toda clase de males les causan aflicción y sufrimiento.

"Cada vez que el Señor levantaba un juez sobre Israel, él estaba con ese juez y rescataba al pueblo de sus enemigos durante toda la vida del juez. Pues el Señor tenía compasión de su pueblo, que estaba sobrecargado de opresión y sufrimiento. Pero al morir el juez, la gente no solo volvía a sus prácticas corruptas, sino que se comportaba peor que sus antepasados. Seguía a otros dioses: los servía y les rendía culto. Además, se negaba a abandonar sus prácticas malvadas y sus tercos caminos". (2.16-19)

El libro concluye con estas palabras: "En aquella época no había rey en Israel; cada uno hacía lo que le parecía mejor". (17:2)

No tenemos tiempo de tratar uno por uno a cada uno de los Jueces con sus virtudes y sus debilidades. Casi todos aprendimos de niños las historias de Gedeón y de Sansón.

Quizá un hecho a destacar en todo el libro es una mujer líder, juez y profetisa en Israel. Se comunica con Dios y lidera al pueblo en tiempos patriarcales. Es el caso de Débora quien fue jueza durante 23 años. (cap. 4-5). Se puede notar su don de comunicación al resolver desde pequeños problemas del pueblo hasta los más extremos (liderando batallas), y también su don de cantante. El texto no dice si ella o quién compuso el gran cántico del cap. 5 pero quizá ella lo hizo.

Débora celebró el triunfo de Israel con un canto sublime y apasionado. En él, le dio a Dios toda la gloria por su liberación, y llamó al pueblo a alabarlo por sus maravillosas obras. Alertó a los reyes y príncipes de las naciones vecinas acerca de lo que había hecho Dios por su pueblo, y los previno de no intentar dañarlos. Mostró que el honor y el poder pertenecen a Dios, y no a los hombres o a sus ídolos. Recordó las majestuosas manifestaciones del poder divino en el Sinaí. Con un lenguaje exuberante, comparó la indefensa y angustiante condición de Israel bajo la opresión de sus enemigos, con la gloriosa historia de su liberación.

No quisiera simplemente terminar aquí.

En estos tiempos de pandemia también pueden ser tiempos de alejamiento de Dios, tiempos donde no hay un jefe que controle lo que estamos haciendo, y abundante tiempo para centrarnos en problemas y pensamientos de derrota.

No caigamos en el círculo vicioso que vivió Israel en tiempo de los Jueces. No te alejes del Señor. Toma dominio de tus enemigos al levantarte cada día y buscar al Señor en su Palabra y en oración.

Puedes también durante ese tiempo subrayar los verbos y frases relacionadas a la comunicación.

Bendiciones y ¡hasta la próxima!

## 8. Ruth: la mujer que comunicaba esperanza

Este libro me lanza un desafío muy especial, ya que mi esposa se llama Ruth. Aunque son historias diferentes, hay algunos paralelismos interesantes. Yo la conocí en diciembre de 2009 y nos casamos en abril de 2011. La Ruth de la Biblia era una persona llena de sabiduría en medio de las tragedias. Su esposo, su cuñado y su suegro murieron. Ella estaba ante una difícil decisión.

Con mi esposa nos conocimos en un momento crítico de mi vida, donde casi había perdido la vida tras un intento de suicidio. Yo soy paciente con el Trastorno Afectivo Bipolar TAB, y el 2009 luego de perder el empleo de 10 años de antigüedad, había perdido totalmente la fe, y la esperanza. Ruth, quien era mi amiga virtual, al conocerme de cerca se atrevió a continuar a mi lado a pesar de los riesgos.

Noemí (la suegra de Ruth), seguramente tuvo que correr un gran riesgo al ir con su esposo a una tierra desconocida. Y para la Ruth de la Biblia también debió haber sido un riesgo casarse con un Israelita. En medio de la tragedia hay una comunicación directa de su suegra, indicándole que vuelva a la casa de su familia.

Sin embargo, Ruth repite estas palabras llenas de fe y de comunicación afectiva:
Rut respondió a Noemí:

"—No me pidas que te deje y regrese a mi pueblo. A donde tú vayas, yo iré; dondequiera que tú vivas, yo viviré. Tu pueblo será mi pueblo, y tu Dios será mi Dios. Donde tú mueras, allí moriré y allí me enterrarán. ¡Que el Señor me castigue severamente si permito que algo nos separe, aparte de la muerte!

Cuando Noemí vio que Rut estaba decidida a irse con ella, no insistió más"

En el caso de quién era mi novia, Ruth, también implicó muchas nuevas cosas. Yo era un ex pastor adventista, convertido en Anabautista Menonita, y con un problema de salud bastante complicado.

Los dos decidimos juntar nuestros caminos y buscar los caminos por donde nos llevaría Dios. La vida es una constante de tomar decisiones de ir para un lado, o ir para el otro.

En nuestro caso, los dos con casi 40 años, era realmente todo un desafío unir nuestras vidas y andar hacia adelante.

El camino para Noemí y Ruth seguramente no fue fácil. No era fácil explicar al llegar a su casa, que Elimelec, Mahlon y Quelión habían muerto. Hay cosas muy difíciles de explicar cuando llegamos a un punto donde tenemos que contar y comunicar las tragedias que tuvimos que pasar.

En mi caso personal creo que tanto para Ruth, y también para mí, resulta complejo explicar de qué forma nos unió la vida. En nuestro camino ocurrieron otras tragedias, solo por mencionar algunas, mi suegra enfermó de Alzheimer, y para todos nosotros, esto no fue en principio una tragedia, pero por el camino ocurrieron muchas cosas que afrontamos juntos. Mi suegra (Doña Luli) fue poniéndose peor y peor, y en medio de eso a mí me agarró otra de mis crisis.

Bueno, cerrando con esta parte, mi suegra falleció y seguimos para adelante. Nada ha sido fácil, pero en todo momento un factor clave fue hablar, comunicarnos, orar y leer la Biblia, juntos en medio de nuestras diferentes crisis. Fue una decisión permanente de seguir adelante, buscando a Dios, sin quedarnos a llorar por las circunstancias terribles que pasamos.

Bueno, en los capítulos siguientes Ruth de la Biblia con su sabiduría supo salir adelante y descubrir con fe el plan que Dios tenía de hacer de ella una abuela lejana del Rey David y una tartarabuela bien lejana del Mesías Jesús.

Si bien, yo sigo vivo, y con Ruth no esperamos ser padres ni abuelos, el Señor nos ha llenado de regalos especiales. Tenemos el desafío de acompañar a mi suegro (viudo) y a mi madre (viuda); tenemos dos mascotas que llenan de alegría nuestras vidas, tenemos buenos amigos y hermanos en nuestra iglesia, y mi esposa tuvo el llamado especial de acompañar en sus estudios a varios niños especiales.

Siempre Dios abre caminos en medio de las tragedias, para seguir adelante, si decidimos poner nuestra confianza en Él, y claro, comunicando claramente nuestra decisión de seguir adelante, cueste lo que cueste.

Termino aquí, porque ya me pasé las 700 palabras. Le dejo como desafío leer y subrayar su Biblia, marcando con colores los diferentes actos de comunicación.

Bendiciones y ¡hasta la próxima!

## 9. 1 Samuel: Los peligros del poder

El primer libro de Samuel es el contexto anterior inmediato a los reyes y la monarquía en Israel. En el primer capítulo encontramos la intensa comunicación del corazón de Ana, una mujer que no podía tener hijos. Dios respondió su oración naciendo así quién sería uno de los grandes profetas – sacerdotes de Israel, Samuel, y Ana realizó un poema – oración con contenido de gratitud, pero con aspectos proféticos.

En el capítulo dos se presenta la corrupción espiritual del sacerdocio en Israel.

Dios se comunica con el niño Samuel, quién había ido a vivir en el templo junto al sacerdote Elí.

Encontramos en el desarrollo algunas batallas entre Israel y los filisteos, y en el capítulo 8 los israelitas piden un rey. Este es un punto crucial en la historia de Israel ya que pasan de un gobierno teocrático con líderes temporales, a una realeza o monarquía. Samuel advirtió al pueblo todo lo que esto involucraría (servicio militar obligatorio, pago de altos impuestos, y otras muchas obligaciones). A pesar de todo esto Israel quiso tener un rey.

En medio de todo esto hay un diálogo muy interesante entre Samuel y los israelitas. En la monarquía la comunicación también sería diferente, ya que cuanto más poder se acumula sobre una persona, esto afecta en todo; tanto en la forma en que se comunica quién tiene el poder supremo, como también en los súbditos que simplemente deben obedecer.
Saúl es ungido y proclamado rey, y gana algunas batallas, aunque paulatinamente va independizándose de Dios, tomando decisiones autoritarias y mayormente equivocadas. Aquí podríamos hablar bastante sobre los peligros del poder.

El resto del libro es una puja entre el rey Saúl y el joven David quién había matado al gigante Goliat. El libro termina con la trágica muerte de Saúl.

Un problema en el rey Saúl es el tema de los abusos del poder. Me llama la atención en la personalidad del Saúl, algunos fuertes sentimientos de frustración y conflictos emocionales no solucionados, y una espiritualidad decadente. Hay momentos en que se lo ve paranoico y terriblemente cruel, lleno de odio y amargura.

Muchos conflictos no resueltos pueden llevar a cualquier ser humano a una mala utilización del poder, y el poder mal utilizado también produce una mala comunicación.

Finalmente, a Saúl se lo puede ver Solo, muy solo, hasta taciturno, sin amigos y desconfiando de todos.

El mayor peligro de tener todo el poder, es uno mismo. El orgullo, la soberbia, el espíritu de autoridad, hacen que cualquier ser humano que se atribuya todo el poder vaya por mal camino. Dejar de lado a los demás, incluso a Dios, lleva a tener una falsa imagen de uno mismo. Siempre debemos recordar que somos seres de carne y hueso, que debemos reconocer nuestros errores y debilidades.

Hay serios peligros hoy el poder mal utilizado en la iglesia.

Escatológicamente el profeta Daniel predice el final trágico de todo tipo de reinados, tanto en el mundo terrenal como también en el ámbito eclesial. "Tus pensamientos se dirigieron a lo porvenir y lo que habría de suceder. Después de ti surgirá otro reino de menor importancia; Luego vendrá un tercer reino que dominará a mucha gente. Vendrá un cuarto reino, sólido como el hierro. Vendrá un reino dividido que será medianamente fuerte y medianamente débil (una mezcla que no podrá mantenerse unida) ... En los días de estos reyes el Dios del cielo establecerá un reino que jamás será destruido, ni entregado a otro pueblo, sino que permanecerá para siempre, y hará pedazos a todos estos reinos anteriores"

El Señor nos libre de todo tipo de "reyes" autoritarios y alejados de la voluntad de Dios, tanto en lo político, como en lo eclesial.

Finalmente recordemos que el poder define generalmente la comunicación que tendrán los poderosos y también los súbditos.

Si desea profundizar en este tema le recomiendo leer mi extenso artículo "Los abusos de poder siempre traen consecuencias negativas":

https://wsparaguay.wordpress.com/2019/02/08/ensayo-sobre-el-libro-yo-el-supremo-de-augusto-roa-bastos-los-abusos-del-poder-siempre-traen-consecuencias-negativas/

Bendiciones y ¡hasta la próxima!

## 10. 2 Samuel: Historias del horror, historias de perdón, historias de fe

Lastimosamente la Biblia no es un libro de color de rosa, y 2 de Samuel es un libro de terror. Desde la muerte de Saúl y Jonatán, pasando luego a lucha de guerrillas entre facciones del mismo pueblo, dolor, llanto, traición, violación, infidelidad, incesto, asesinatos y aberraciones que hasta a mí me dan nauseas al leerlas.

En medio de todo esto surge el liderazgo del Rey David. Generalmente lo conocemos por sus Salmos, pero también es interesante curiosear en su familia desastrosa. Es lamentable realmente leer muchos de los textos de este libro; pero en medio de toda esta pandemia de maldad, surge el David, conforme al corazón del Señor.

Lo podemos ver en su llanto y lamento por la muerte de Saúl y Jonatán (cap.1). También lo podemos ver aspectos positivos en su adoración al Señor. El arca por fin llega a Jerusalén (caps. 5 y 6).

Luego de recibir "la mala noticia" de que él no sería el constructor del Templo, se humilla y realiza una extensa oración de fe y confianza en los propósitos del Señor (7. 18 – 29). Es una oración muy interesante. David podría haber estado furioso y frustrado, pero por el contrario dice: "Señor mi Dios, tú que le has prometido tanta bondad a tu siervo, ¡tú eres Dios, y tus promesas son fieles!" (7.28).

Otro tema que me conmueve es la actitud de David hacia Mefiboset en el capítulo 9 y en parte del 16. Tal vez no podemos dimensionar plenamente hoy el tema de los peligros del poder. Herodes el Grande, en tiempo de Jesús se encargó de asesinar a cualquiera que pudiera arrebatarle el puesto, suegros, cuñados, hermanos, esposas, hijos... e incluso a una veintena de niños en la aldea de Belén.

Sin embargo, David recibió a Mefiboset como si él fuera su propio hijo. Hay que recordar que Mefiboset estaba en la línea de sucesión del trono, dado que era el único descendiente vivo de Saúl. David lo trató bien, es más, yo diría que tuvieron lindas charlas donde David le relataba cómo era Jonatán, el padre que Mefiboset no había conocido.

Y luego volvemos a las tragedias, una tras otra. El adulterio de David y Betsabé, y el asesinato a Urías (cap. 11); Dios revela el pecado (cap. 12); el incesto y violación de Amnon a su hermana Tamar; y luego el asesinato de Amnon (cap. 13). ¡Pero qué novela!

A partir del cap. 14 se encuentra el terrible relato de la rebelión del hijo de David, Absalón. Los enfrentamientos, conflictos, dolores de cabeza, etc. continúan hasta el cap.18 donde Absalón muere, atrapado por su larga cabellera entre unos árboles, donde finalmente es ultimado.

David vuelve a mostrar su dolor y llanto, aunque nadie del ejército entendía su dolor de padre despechado.

Diversas luchas del ejército de David ante sus enemigos tradicionales, hicieron que la figura del rey pueda crecer, en medio de tantos escándalos.

Finalmente encontramos un Salmo, en 2 Samuel, raro, ¿no? Recomiendo leer todo el capítulo 22, una obra maestra de la comunicación. Pero leyendo todos los capítulos anteriores ¿será que se tomó unas copas y agarró el arpa? ¡No!, ¡No!, ¡Absolutamente No! Como usaría Pablo una doble negación griega enfática. Esto se trata de Justificación por la fe, y no por las obras. «El Señor es mi roca, mi amparo, mi libertador; es mi Dios, el peñasco en que me refugio. Es mi escudo, el poder que me salva, ¡mi más alto escondite!

Él es mi protector y mi salvador ¡Tú me salvaste de la violencia! Invoco al Señor, que es digno de alabanza, y quedo a salvo de mis enemigos.

» Las olas de la muerte me envolvieron; los torrentes destructores me abrumaron. Me enredaron los lazos del sepulcro, y me encontré ante las trampas de la muerte.

En mi angustia invoqué al Señor; llamé a mi Dios, y él me escuchó desde su templo; ¡mi clamor llegó a sus oídos!

» La tierra tembló, se estremeció; se sacudieron los cimientos de los cielos; ¡se tambalearon a causa de su enojo! Por la nariz echaba humo, por la boca, fuego consumidor; ¡lanzaba carbones encendidos!

» Rasgando el cielo, descendió, pisando sobre oscuros nubarrones. Montando sobre un querubín, surcó los cielos y se remontó sobre las alas del viento.

De las tinieblas y de los cargados nubarrones hizo pabellones que lo rodeaban. De su radiante presencia brotaron carbones encendidos.

» Desde el cielo se oyó el trueno del Señor, resonó la voz del Altísimo. Lanzó flechas y centellas contra mis enemigos; los dispersó y los puso en fuga.

A causa de la reprensión del Señor, y por el resoplido de su enojo, las cuencas del mar quedaron a la vista; ¡al descubierto quedaron los cimientos de la tierra!

» Extendiendo su mano desde lo alto, tomó la mía y me sacó del mar profundo.

Me libró de mi enemigo poderoso, de aquellos que me odiaban y que eran más fuertes que yo.

En el día de mi desgracia me salieron al encuentro, pero mi apoyo fue el Señor.

Me sacó a un amplio espacio; me libró porque se agradó de mí.

» El Señor me ha pagado conforme a mi justicia, me ha premiado conforme a la limpieza de mis manos; pues he andado en los caminos del Señor; no he cometido mal alguno ni me he apartado de mi Dios.

Presentes tengo todas sus sentencias; no me he alejado de sus decretos.

He sido íntegro ante él y me he abstenido de pecar.

El Señor me ha recompensado conforme a mi justicia, conforme a mi limpieza delante de él.

» Tú eres fiel con quien es fiel, e irreprochable con quien es irreprochable; sincero eres con quien es sincero, pero sagaz con el que es tramposo.

Das la victoria a los humildes, pero tu mirada humilla a los altaneros.

Tú, Señor, eres mi lámpara; tú, Señor, iluminas mis tinieblas.

Con tu apoyo me lanzaré contra un ejército: contigo, Dios mío, podré asaltar murallas.

» El camino de Dios es perfecto; la palabra del Señor es intachable.

Escudo es Dios a los que en él se refugian. ¿Pues quién es Dios, si no el Señor? ¿Quién es la roca, si no nuestro Dios?

Es él quien me arma de valor y endereza mi camino; da a mis pies la ligereza del venado, y me mantiene firme en las alturas; adiestra mis manos para la batalla, y mis brazos para tensar arcos de bronce.

Tú me cubres con el escudo de tu salvación; tu bondad me ha hecho prosperar.

Me has despejado el camino; por eso mis tobillos no flaquean.

» Perseguí a mis enemigos y los destruí; no retrocedí hasta verlos aniquilados.

Los aplasté por completo. Ya no se levantan. ¡Cayeron debajo de mis pies!

Tú me armaste de valor para el combate; bajo mi planta sometiste a los rebeldes.

Hiciste retroceder a mis enemigos, y así exterminé a los que me odiaban.

Pedían ayuda; no hubo quien los salvara. Al Señor clamaron, pero no les respondió.

Los desmenucé. Parecían el polvo de la tierra. ¡Los pisoteé como al lodo de las calles!

» Me has librado de una turba amotinada; me has puesto por encima de los paganos; me sirve gente que yo no conocía. Son extranjeros, y me rinden homenaje; apenas me oyen, me obedecen.

¡Esos extraños se descorazonan, y temblando salen de sus refugios!

¡El Señor vive! ¡Alabada sea mi roca! ¡Exaltado sea Dios mi Salvador!

Él es el Dios que me vindica, el que pone los pueblos a mis pies.

Tú me libras de mis enemigos, me exaltas por encima de mis adversarios, me salvas de los hombres violentos.

Por eso, Señor, te alabo entre las naciones y canto salmos a tu nombre.

» El Señor da grandes victorias a su rey; a su ungido David y a sus descendientes les muestra por siempre su gran amor».

Bendiciones y ¡hasta la próxima!

## 11. 1 Reyes: Comunicación y sabiduría

Este libro relata la muerte de David, el reinado de Salomón y la decadencia y división del reino de Israel posterior. También desarrolla gran parte del ministerio del profeta Elías. No se menciona el autor del libro, aunque algunos señalan al profeta Jeremías.

Quizá debemos recordar que estamos tratando de identificar en los libros de la Biblia los principales actos de comunicación y con estos tratar de encontrar algunos principios para nuestras vidas en la actualidad.

En los primeros capítulos continuamos viendo los conflictos en la familia de David, y antes de morir este debe abdicar al trono para coronar a Salomón. Tras una serie de otros hechos trágicos entre hermanos, Salomón logra consolidarse en el reino.

El primer aspecto importante que logramos identificar es una comunicación entre el Señor y el rey Salomón en medio de un sueño (3.5-15).

Es notable que Dios se comunicara con un rey idólatra (Salomón) (3.1-5), y le dijera "Pídeme lo que quieras"

No quiero intentar presentar una explicación de este fenómeno de la idolatría entre varios de los jueces y ahora con los reyes de Israel, pero bueno, ocurrió. A pesar de esto el Señor recuerda su pacto con David, y actúa a través de un impactante sueño, donde Dios no le da la lámpara de Aladino a Salomón, pero le dice "Pídeme lo que quieras".

En mi vida personal no soy de recordar mis sueños, aunque debo reconocer que he tenido alguno impactante. Pero para Salomón, este sueño, fue el mejor sueño de su vida.

Él pide a Dios sabiduría. Dios le da un corazón sabio y prudente, pero además le concede riquezas y larga vida. A partir de 3.16 se muestra uno de los primeros actos de sabiduría, entre dos mujeres que peleaban por un niño de pocos meses.

Luego el libro va presentando en el cap. 4 la forma sabia en que Salomón va administrando su reino, la prosperidad y su fama en todo Oriente.

Los caps. 5 y 6 tienen que ver con la construcción del templo. Sin entrar en los detalles arquitectónicos, destaco nuevamente la conversación entre el Señor y Salomón:

"La palabra del Señor vino a Salomón y le dio este mensaje: «Ya que estás construyendo este templo, quiero decirte que, si andas según mis decretos, y obedeces mis leyes y todos mis mandamientos, yo cumpliré por medio de ti la promesa que le hice a tu padre David. Entonces viviré entre los israelitas, y no abandonaré a mi pueblo Israel». (6.11-13).

Cabe señalar que Salomón siguió al pie de la letra todos los detalles del diseño que había realizado su padre y lo construyó en 7 años (6.37-38).

Luego construye su palacio, pero continúa con el mobiliario del templo (cap. 7) y el traslado del arca al templo.

El capítulo 8 es pura comunicación entre el Señor y Salomón. Solo mencionaré algunos detalles, pero es bueno leer con detenimiento y subrayando cada acto de comunicación.

Dios manifiesta su gloria y la nube llena el templo (8.10-11).

Salomón responde a la gloria del Señor (8.12-13).

Salomón da un discurso bendiciendo al Señor y bendiciendo a Israel (8.15-21)

Salomón ora al Señor (8.22-61). Es una oración bien larga, pero llena de mucha emoción y sabiduría. Adora al Dios de pactos, el Dios de Israel.

Me gusta cuando dice: "Pero ¿será posible, Dios mío, que tú habites en la tierra? Si los cielos, por altos que sean, no pueden contenerte, ¡mucho menos este templo que he construido! Sin embargo, Señor mi Dios, atiende a la oración y a la súplica de este siervo tuyo. Oye el clamor y la oración que hoy elevo en tu presencia. ¡Que tus ojos estén abiertos día y noche sobre este templo, el lugar donde decidiste habitar, para que oigas la oración que tu siervo te eleva aquí! Oye la súplica de tu siervo y de tu pueblo Israel cuando oren en este lugar. Oye desde el cielo, donde habitas; ¡escucha y perdona! (8.27-30).

Otra cosa que me llama la atención es su oración por los extranjeros que vinieran a visitar el templo (8.40-43).

En su oración Salomón hasta parece predecir el deterioro espiritual de Israel y su cautividad (8.46-51).

Pide que en medio de esa futura tragedia Dios no se olvide del pacto con su pueblo. Salomón luego se levanta y bendice al pueblo (8.56-61) dedicando el pueblo al Señor. Y el resto del capítulo se trata de la dedicación del templo y una gran celebración de 14 días (8.65).

Quizá aquí es bueno señalar cómo a Dios le gustan las fiestas, cuando estas tienen como centro la celebración del amor y el poder de Dios.

Esto me hace recordar que aún estamos con la peste del Covid – 19 y por lo menos en mi país están prohibidas cualquier tipo de fiestas. También me hace pensar que la mayoría de nuestros templos están aún cerrados. Quizá en el momento en que los hermanos nos encontremos de vuelta (ya no por zoom) será un momento de gran fiesta (sin besos ni abrazos), pero será una gran fiesta. Mientras sabemos que podemos hacer fiesta en nuestros corazones, y en el templo invisible, ya que Dios está en todas partes y con todos sus fieles.

Bueno, luego el libro sigue con la historia del esplendor de las riquezas de Salomón y la reina de Saba (cap.10); las mujeres de Salomón y sus adversarios políticos. A partir del cap. 11 las cosas se empiezan a descomponer y Salomón muere luego de 43 años de reinado.

El cap. 12 es de nuevo un gran conflicto entre hermanos y la separación del reino entre el Norte (Israel) y el Sur (Judá). Vemos los frutos de los malos consejeros, y el tema de los tributos e impuestos. Yo aún estoy preocupado por los impuestos que vendrán luego del Covid -19, y aunque no lo deseo, seguramente vendrán muchos conflictos.

Terminando solo mencionaré que vienen historias de reyes (del Norte y del Sur); algunos más conocidos, otros menos conocidos. Como epílogo del libro, aparece el profeta Elías, un profeta muy especial y comunicativo, de quién ya no me queda mucho espacio para hablar. Pero usted, tome su Biblia y subraye. Estoy seguro que le encantará hacerlo viendo los diferentes aspectos de comunicación.

Muchas bendiciones y ¡hasta la próxima!

## 12. 2 Reyes: comunicación intermitente

Dios se comunica con profetas malhumorados y lo intenta con los diferentes reyes.
El libro 2º de Reyes continúa con las historias, una peor que la otra, de los diferentes reyes de Israel (reino del Norte) y de Judá (el reino del Sur), aunque cabe señalar que hubo algunas excepciones.

Nunca me había fijado en algunas historias, solo por poner un ejemplo de Ocozías, que cayó del piso superior de su casa y aparentemente se golpeó la cabeza...; bueno, mandó consultar a curanderos de Baal Zebub de Ecron.

Jehú (rey de Israel) lo bueno que hizo fue destruir a la casa de Acab y a Jezabel y a todos los ministros, sacerdotes y profetas de Baal. Joas, Amasias y Asarías (reyes de Judá) tuvieron reinados tibios, adorando a Jehová, pero permitiendo la adoración de dioses paganos. De los demás reyes de Israel, no vale la pena casi hablar, todos fueron muy malos.

Se debe señalar que el rey que se destacó por seguir al Señor fue Ezequías (rey de Judá).

"Ezequías puso su confianza en el Señor. No hubo otro como él entre todos los reyes de Judá, ni antes ni después. Se mantuvo fiel al Señor y no se apartó de él." (18.5).

También todos recordamos al rey Josías de Judá que comenzó a reinar con tan solo 8 años y también hizo lo bueno (caps. 22 y 23); y otros reyes que también fueron buenos fueron Joacím y Joaquín (cap. 24) también de Judá.

Cronológicamente 2 Reyes termina con la caída de Jerusalén por Nabucodonosor en tiempos de los reyes Joaquín y Sedequías (años 600 al 587 a.C.).

Pero volvamos al inicio del libro. En 2º de Reyes los profetas de Dios principales son Elías (caps. 1 y 2); Eliseo (caps. 2 al 13) e Isaías (cap. 19 al 21). Según la tradición Isaías fue metido en un tronco hueco y aserrado en dos por el rey Manasés.

Vayamos rápidamente a algunos aspectos interesantes de comunicación en este libro. Habría mucho que decir sobre el también muy comunicativo Eliseo, pero mencionaré a la niña comunicadora, que siendo esclava de Naamán predicó de manera tan impactante, que le prestaron atención (cap. 5).

Me gusta mucho relatar la historia de los caps. 6:25 a 7:20 donde Samaria es sitiada por los sirios, la tragedia de la sed y el hambre, y la maravillosa liberación de parte del Señor sin usar ningún ser humano para esto.

En medio de esto cuatro hombres con lepra descubren el campamento abandonado, lleno de alimentos, armas, ropa, joyas, y sin ningún sirio y luego de comer y de agarrar muchos bienes, se dijeron unos a otros:

"Esto no está bien. Hoy es un día de BUENAS NOTICIAS, y no las estamos dando a conocer. Si esperamos a que amanezca, resultaremos culpables. Vayamos ahora mismo y demos aviso" (7.9).
Y también podemos recordar al rey niño Josías (cap.22) y el libro en el templo abandonado.

Resumiendo:

1. Dios se comunica con profetas malhumorados. De terror era el mal humor de Elías y Eliseo. Solo basta leer algunas de las historias, pero Dios los utilizó. Incluso a Elías se lo llevó al cielo.

2. Dios intenta comunicarse con los diferentes reyes tanto de Judá como de Israel. Utiliza a los profetas. Lastimosamente muchos reyes escucharon lo que ellos querían escuchar, y no la voz del Señor.

3. Algunos reyes tomaron medidas tibias, adoraban al Señor, pero permitían que se adore a otros dioses.

4. En medio vemos a unos pocos reyes que se comunican con el Señor y son fieles a él, vemos a una niña fiel y comunicativa e incluso a paganos que obedecen las instrucciones de Dios. Me encanta el evangelio de los 4 hombres con lepra.

5. Lastimosamente tanto Israel (reino del Norte), como Judá (reino del Sur) deben ser llevados al exilio, por no oír la voz del Señor.

Hasta aquí llegamos con este libro. Bendiciones ¡Y hasta la próxima!

## 13. 1 Crónicas: El rey David – pecador elegido por Dios

Estoy pensando en la diversidad de la revelación divina y creo que cada uno de los autores bíblicos tuvo un enfoque diferente sobre la vida de David sin caer en contradicciones. De esto se ha estudiado mucho en las diferentes escuelas teológicas especialmente tomando como muestra a los 4 autores de los evangelios. Dios eligió a autores que presentaron diversas facetas del rey por excelencia en Israel. Gran parte de las profecías entremezclan la figura de David con la del Mesías venidero.

En mi anterior comentario sobre 1º Reyes creo haber percibido muchos aspectos negativos en David y su familia desastrosa. Pero en el análisis de las crónicas veo que a pesar de que mucho en David pudo haber sido negativo, su corazón se mantuvo siempre atento a la voluntad del Señor.

El libro inicia con una serie de genealogías que van hasta el capítulo 10. El autor como que para de golpe y cambia a un estilo narrativo a partir de la muerte de Saúl. Terrible la muerte de Saúl y sus 3 hijos. El cap. 10 termina diciendo "Saúl murió por haberse rebelado contra el Señor, pues en vez de consultarlo, desobedeció su palabra y buscó el consejo de una adivina. Por eso el Señor le quitó la vida y entregó el reino a David hijo de Isaí".

A partir de allí el autor va relatando la forma cómo David va logrando el apoyo de los diversos personajes o líderes (ancianos, líderes del ejército, soldados, guerreros, y finalmente todo el pueblo de Israel). Esto parecería que fue un proceso que no fue del día a la noche. Creería sin equivocarme que aquí hubo mucha comunicación, conversaciones políticas, y en medio de todo esto el Espíritu Santo guiando para crear unidad de criterios.

Uno de los primeros hechos resaltantes del reinado es la conquista de Jerusalén. A partir de allí la ciudad tendría miles de historias, pero la principal, la de Jesús, pasajes de su vida, muerte y resurrección.

Siguiendo con el libro de Crónicas, vemos al tremendo ejército de David, con hombres que se destacaban por su fidelidad, haciendo lo que sea que el rey pidiera. Tenía un batallón de hombres que eran muy buenos con la honda, tanto que podían usarla con ambas manos.

El capítulo 13 presenta un pasaje oscuro, en el que el rey organizó un grupo de personas y soldados y con gran entusiasmo armaron una caravana, o procesión para trasladar el arca. En medio de eso los bueyes tropezaron y Uza trata de evitar que el arca se cayera y él cae muerto al tocar el arca. Más adelante David mismo señala un procedimiento errado por él mismo:

“No consultamos al Señor nuestro Dios, como está establecido; por eso se enfureció contra nosotros” (15.13). Los cap. 15-16 relatan finalmente la llegada del arca a Jerusalén, organizados por los sacerdotes y levitas, no como la vez anterior.

En el cap. 14 vemos a un David comunicándose con Dios. El consultó a Dios, y Dios le responde: Atácalos (14.10), y más adelante vuelve a consultarle (14.14, 15) y el Señor le da instrucciones muy precisas. Vemos a un rey muy dependiente de Dios especialmente en las batallas.

Aquí quiero detenerme un segundo. Quizá todos nosotros somos como David, que tenemos que aprender de los errores al tomar decisiones sin consultar al Señor. Esta crónica muestra como David va de menos a más. Y aunque él tuvo errores con sus mujeres e hijos, vemos que como rey su gloria va unida a una constante comunicación con Dios.

En el capítulo 16 encontramos un tremendo salmo de David cantado por Asaf y su coro. Quizá el clímax está en el v.25 (a mi parecer) “Porque el Señor es grande, y digno de toda alabanza; ¡más temible que todos los dioses!”

También veo en el salmo algunas metáforas comunicativas interesantes: Qué tiemble ante él toda la tierra (v.30); que se alegre el cielo (v.31); que resuene el mar y todo cuanto contiene (v.32); que los árboles del campo canten de gozo ante el Señor (v.33).

Pasando rápidamente al cap. 17 encontramos a Dios hablando un largo discurso a través del profeta Natán (vv. 4 al 13), dando la promesa que el templo lo construiría uno de los hijos de David. David responde con una larga oración de gratitud (vv. 16 al 27).

David continúa ganando guerras y batallas, pero en el cap. 21 vuelve a actuar sin consultar a Dios, mandando hacer un censo militar donde las consecuencias fueron catastróficas. David de nuevo vuelve a arrepentirse y a pedir la misericordia del Señor.

El cap. 22, 28 y 29 es donde David muestra su compromiso con el proyecto de Dios, realizando los preparativos para el templo y las instrucciones a Salomón para el tema. El libro termina con una oración de David, la coronación de Salomón y la muerte del amado rey de Israel.

Se me pone la piel de gallina al leer la última oración de David, reconociendo su pequeñez ante la grandeza del Señor.

Con sus flaquezas, debilidades y errores, David fue alguien de quien podemos decir comunicacionalmente, fue un ser humano extraordinario. Sus oraciones a Dios la han repetido millones y millones de personas a través de 3.000 años.
Bendiciones y ¡hasta la próxima!

## 14. 2 Crónicas: reyes de Judá y profetas

El rey Salomón

Los primeros 9 capítulos de 2 Crónicas se dedican a Salomón (3º rey de Israel), su sabiduría, sus riquezas y la construcción del impetuoso templo de Jerusalén. Evidentemente su reino fue admirado por propios y también por extraños, reyes, reinas y gobernadores de todo el Oriente.

La lectura de los capítulos es agradable y hay un diálogo fraterno entre el rey y Dios, reflejado en sus oraciones y acciones de adoración.

Quedó como el himno nacional del pueblo aquel que creó Salomón: "El Señor es bueno; su gran amor perdura para siempre"

Veo en los diálogos entre Dios y Salomón, como una especie de profecía en la cual el pueblo pecaría, se apartaría de Dios, rompería el pacto y sería llevado al exilio (ver caps. 6 y 7).

El esplendor del templo, de su ceremonial, las riquezas y sabiduría y fama de Salomón son quizá el punto de mayor esplendor del pueblo del pacto.

El templo sería el centro de oración y adoración al Dios verdadero.

Los siguientes reyes de Judá:

Aunque parecería que casi todo durante el reinado de Salomón fue bueno, evidentemente hubo un descontento generalizado por el yugo pesado de impuestos, tributos y trabajos que impuso el rey al pueblo.

Esto desencadenó en un desastre; un verdadero desastre. Dos reinos divididos y enemigos entre sí, y dos reinos, uno más que el otro, tendiendo a la idolatría y el olvido del culto al Señor.

El libro no se centra en el reino del Norte, sino en los reyes del Sur, quienes tuvieron su centro de poder en Jerusalén.

Mencionaré la lista y luego algunas características comunicativas: Roboam, Abías, Asa, Josafat, Jorán, Ocozías, Joás, Amasías, Uzías, Jotán, Acaz, Ezequías, Manasés, Amón, Josías, Joacaz, Joacim, Joaquím y Sedequias.

Fueron 19 reyes desde Roboam hasta el exilio (22 reyes sumándoles a Saúl, David y Salomón).

Es muy interesante y también desconcertante ver la historia de cada rey y sus actos comunicativos.

Las consecuencias de esto, por ejemplo, se puede ver en un amigo mío, quien es pastor que se llama "Sedequías". Una vez entre varios compañeros le preguntamos por qué le pusieron el nombre de un rey tan malo... y nos respondió: "Mi mamá le dijo a mi padre que vaya al registro civil y me anotara con el nombre "Ezequias" (un rey bueno); pero mi padre con la emoción se confundió y me anotó como "Sedequías".

Bueno, esta historia que pareciera simpática, simplemente demuestra lo complicado que es conocer a cada uno de los reyes y saber quién era bueno, y quién era malo.

Sin duda la decadencia del reino del Sur fue rápida, con reyes que se olvidan del culto a Jehová, abandonan el templo, abandonan el pacto.

Es notable que Dios continuara comunicándose con los dos reinos a través de sus siervos los profetas. Estos profetas estuvieron algunos en el reino del Sur y otros en el Norte. Hay que notar que también siempre existieron profetas falsos y mentirosos, a quiénes algunos reyes preferían escuchar.

Podemos notar que la mayoría de los profetas son desconocidos. Incluso hay una mujer llamada Hulda (34.22) en tiempos del Rey Josías.

Entre rey y rey se pueden ver algunos que hicieron lo bueno, y luego hicieron lo malo, y otros que solo hicieron lo malo. Respecto al templo y el culto al Señor, hicieron esfuerzo por mantenerlo Roboán, Abías, Asa, Josafat, Joas, Ezequías y Josías. Especialmente estos dos últimos se enfocaron en la restauración de las fiestas instituidas en el Pentateuco, especialmente la de la Pascua.

Un rey notable, que hizo muchas cosas buenas fue Uzías, pero al final se volvió arrogante, y se metió al templo a ofrecer incienso como si él fuese un sacerdote. Claro que su pecado no pasó inadvertido.

En grandes porciones se repite acerca de la corrupción del pueblo, adorando a otros dioses, especialmente a una tal Asera, diosa cananea de la fertilidad (similar a Afrodita). Su culto incluía prostitución ritual, tanto femenina, como masculina.

Finalmente, entre ir y venir de un dios a otro, terminó la paciencia del Señor y el pueblo fue llevado al exilio a Babilonia por el Rey Nabucodonosor. Entre estos reyes pasaron cerca de 400 años hasta que el templo fue destruido casi en su totalidad. El libro termina con un breve decreto de Ciro, rey de Persia, autorizando el retorno unos 70 años después del exilio.

Los libros siguientes que veremos ya tratan sobre el retorno a la tierra prometida. (post exílicos).

Un saludo, bendiciones y ¡hasta la próxima!, y recuerda: "El Señor es bueno; su gran amor perdura para siempre"

## 15. Esdras: el periodista escriba

Esdras fue un sacerdote en el tiempo posterior al exilio de las tribus del Sur a Babilonia. Se destaca como un importante escritor de varios libros, Esdras y Nehemías, posiblemente 1 y 2 de Crónicas y otros libros que no están en la Biblia.

Muchos teólogos lo llaman "el cronista". Aquí señalaré la importancia de "cronistas" que escriban la historia del pueblo de Dios en todos los tiempos.

Es algo importante que cada denominación como también que cada iglesia o congregación tengan sus "cronistas" que junten, analicen y publiquen la historia de cada iglesia. Esto es de gran valor si los cronistas son honestos relatando los verdaderos sucesos con sus aspectos buenos y también los difíciles o problemáticos.

Es un gran desafío lograr conseguir personas que lleven adelante esta tarea. Algunas iglesias lo hacen sin mucha organización, pero claro que es bueno tener actas y anecdotarios anuales como para no tener meramente datos como nombres y números sino también historias, narraciones, anécdotas de los aspectos destacados de cada congregación.

Quizá sería bueno organizar talleres o cursos para capacitar a personas como "cronistas eclesiales".

El libro de Esdras es un tratado histórico donde se relata los sucesos del regreso a Israel (de Judá y Benjamín, las tribus del Sur).

En el cap. 1 se presenta como Dios actuó en el corazón de rey Ciro (rey de Persia) para promulgar el decreto que permitiría el retorno de los judíos.

Esdras hace un listado detallado de quienes fueron los que volvieron por familias y ciudades identificando claramente a los sacerdotes, levitas, cantores y porteros (cap. 2).

El capítulo 3 relata el inicio de los trabajos de reparación del templo y la realización de los primeros sacrificios. Solo para ubicarnos en el tiempo, en esta época también llevaron a cabo su ministerio los profetas Hageo y Zacarías.

El cap. 6 presenta el decreto del rey Darío, que investiga en los archivos de Babilonia, y de nuevo esta es una oportunidad de resaltar la importancia de los archivos de actas, documentos e historias en las iglesias de hoy.

En el mismo capítulo se termina la reconstrucción del templo y se realiza la dedicación del mismo y la celebración de la pascua. Evidentemente este templo no era igual al templo de Salomón, pero lo hicieron lo mejor que pudieron.

Esdras llega a Jerusalén en realidad en el capítulo 7. Del capítulo 7 al 9 todo está escrito en primera persona ("yo"). Vino con autorización del gobierno Persa para colocar "jueces y gobernantes que gobiernen a todo el pueblo". Posiblemente Esdras fue un funcionario del gobierno persa en los últimos años del exilio.

Aparece un nuevo rey en Persia, Artajerjes, que escribe una larga carta a Esdras. El capítulo 8 es una nueva lista de personas que regresan con Esdras y la narración de lo que ocurrió durante el viaje.

Los últimos capítulos tienen que ver con la confesión de pecados, el arrepentimiento y un acto difícil para muchos, el que los hombres se separen de mujeres extranjeras. Hoy nos resulta complicado entender un tema como este, dado que en su mayoría eran personas ya con hijos. Debemos recordar que Pablo da instrucciones muy diferentes a los/las que están casados con no creyentes.

Evidentemente al retorno del pueblo, los líderes buscaron seguir la voluntad de Dios hasta sus máximas consecuencias...

No digo que esto haya estado mal, pero esta tendencia continuó dando lugar a los escribas, los fariseos, los saduceos, y otros grupos que creaban, añadían y acumulaban leyes que ni ellos estaban dispuestos a cumplir, pero "creyéndose" justos y mejores que los demás.

Como ya había escrito en alguna oportunidad hay que cuidar traer los hechos del Antiguo Testamento a la actualidad e intentar hacer de esto ley en nuestros días.

Solo como anécdota contaré que en la iglesia donde yo crecí (adventista) me enseñaron que ponerme de novio o casarme con una "filistea" (una "no adventista") era cuestión disciplinaria y de excomunión. A los 27 años transgredí el reglamento al ponerme de novio con la hija de un pastor de otra denominación. Eso fue el comienzo de mi alejamiento de ese grupo religioso.

Hoy estoy casado con mi esposa que fue casi toda su vida de la Asamblea de los Hermanos. Ella es dispensacionalista, yo soy amilenialista, pero nos llevamos bastante bien y vamos a una iglesia anabautista menonita. No es lo mismo un caso de un creyente con un no creyente; pero siempre me gustó hacerme amigo de esposos no creyentes, contarle algunas historias y reír con ellos, y a varios de ellos los he visto entregarse a Cristo.

Punto final. Creo que Esdras hizo muchas cosas buenas para su tiempo; y lo mejor que hizo fue dejar registros de todas las cosas que ocurrieron.
Bendiciones y ¡hasta la próxima!

## 16. Nehemías: el estratega comunicador

Hoy analizamos el libro de Nehemías, un líder que manejó muy bien la comunicación. Podemos hablar aquí de muchos temas dado que el libro presenta de forma interesante cómo realizar un plan comunicacional, cómo motivar, cómo organizar, resolución de conflictos, y otros puntos que se podrían abordar desde una teología de la comunicación.

El libro de Nehemías tiene 13 capítulos, y comienza con una oración por el pueblo (cap. 1). La oración es resultado de un informe calamitoso sobre Jerusalén y las murallas. Nehemías era copero del rey Artajerjes y en el cap. 2 pide al rey permiso para ir a Jerusalén a ayudar en la reconstrucción. Es una conversación bastante interesante la que hay en este capítulo.

Se pone en marcha, con cartas de acreditación del rey, con una guardia de capitanes y caballería. Algo interesante de la historia es que al llegar hace una inspección nocturna de las murallas de Jerusalén, tal vez una estrategia; y al día siguiente empieza a motivar a la gente a empezar la reconstrucción. La gente se entusiasmó; pero aparecieron ruidos en la comunicación; Sambalat y Tobias, un par de personajes que se empezaron a burlar y a buscar por todas las formas interrumpir la comunicación entre los israelitas.

El cap. 3 relata la distribución del trabajo por familias, y el cap. 4 de nuevo tiene que ver con Sambalat y Tobias burlándose muy enojados de los trabajadores y buscando producir disturbios.

Nehemías resuelve el tema orando y organizando a los trabajadores y un pequeño ejército organizado allí mismo. Lo notable es que la obra no para un minuto; día y noche, 24 horas al día había gente trabajando y vigilando. Se requiere de mucha motivación y organización para esto. No tenían luz eléctrica como nosotros hoy.

En el cap. 5 surge un problema con gente del pueblo pobre, que hipotecaron sus tierras para poder comer algo. Cuando ellos cuentan a Nehemías esto, él hace una gran reunión convocando al pueblo reclamando sobre el tema de la usura entre miembros de un mismo pueblo. Exige que se devuelva las tierras y que termine ese negocio prohibido por Dios.

En el cap. 6 aparecen de nuevo amenazas por parte de Sambalat, Tobias y un tal Guesen. A través de mensajes y cartas pretendían asustar y desanimar a Nehemías, y desprestigiarlo ante el pueblo. Incluso planificaron maneras de matarlo. A pesar de las intrigas se termina la construcción de la muralla en un récord de 52 días de trabajo. Y a partir de allí se organiza el tema de los porteros, los cantores y los levitas.

En el cap. 7 hay una lista de los repatriados, 42.760 personas en Jerusalén.

Luego Esdras lee en medio de una plaza con todo el pueblo reunido el libro de la ley. Todo el pueblo estaba muy atento. Fue una ceremonia muy interesante y llena de expresiones de adoración y de aliento. Los israelitas confiesan sus pecados, se comprometen a obedecer la ley y celebran la fiesta de las enramadas. Finalmente se hace la dedicación de la muralla, se juntan ofrendas, primicias y diezmos para los sacerdotes y levitas, y se realizan algunas reformas civiles y religiosas.

Resumiendo: Nehemías fue un muy buen comunicador. Supo convencer de su proyecto al rey, supo motivar al pueblo para trabajar y terminar el muro en un tiempo récord, supo manejar el tema de los opositores con sus burlas y amenazas, supo organizar la defensa de la ciudad, y también impulsó reformas económicas, sociales y religiosas.

Creo que Nehemías fue un líder comunicador de quien podríamos aprender mucho hoy.

Bendiciones Y ¡hasta la próxima!

## 17. Ester: 'Tiempo de callar, de hablar, de festejar'

Un episodio dramático, de sabia comunicación y espiritualidad de Mardoqueo y la reina Ester. El libro de Ester es un documento histórico narrativo importante aún en la actualidad, dado que está relacionado con la fiesta del Purím de los Judios. Aún hoy en esta festividad se lee en voz alta el Libro de Ester y quienes escuchan, especialmente los niños, intervienen con matracas y hacen ruido cuando se pronuncia el nombre de Amán. Las personas utilizan disfraces como representando una obra de teatro. Es una de las fiestas actuales donde los judíos recuerdan la destrucción de los Antisemitas (sea Amán, Hitler, o algún otro).

Para ubicarnos en el tiempo, esta historia es un hecho post exilio, con israelitas que decidieron permanecer viviendo en territorio Medo Persa. Se calcula que ocurrió alrededor del 450 a.C.

La historia es muy interesante y de muy fácil lectura. Incluso yo, cuando era muy pequeño participé aún sin saber leer ni escribir en un concurso bíblico sobre el libro de Ester.

No estoy muy seguro de la cordura del Rey Asuero (Jerjes) y Memucan en los hechos ocurridos con la reina Vasti. El tema del machismo, se sabe que es típico de las culturas orientales, pero esto hasta parece un consejo de sabios totalmente emborrachados.

De todos modos, sea como sea, Ester, una judía huérfana llega al trono e interviene con una comunicación llena de sabiduría para impedir el plan perverso de Amán de destruir a todos los judíos que había en el reino. Mardoqueo, el tío de Ester también es un personaje con una interesante comunicación clara, honesta y contundente.

Los hechos dramáticos ocurren a partir del cap. 3 cuando Amán a través de adulaciones y mentiras fruto del odio hacia Mardoqueo, logra que el Rey firme un decreto para exterminar a todos los judíos del reino. En ese momento el rey no sabía que su propia esposa era judía.

En un episodio dramático intervienen la sabia comunicación y espiritualidad de Mardoqueo y la reina Ester, hasta que finalmente Amán y toda su familia es destruida y el pueblo judío resulta liberado y victorioso, todos llenos de gozo y alegría. Por eso, hasta el día de hoy Purim es una fiesta llena de alegría, festejo y regalos.

Algunos autores indican que posiblemente la fiesta en la que Jesús participó en Juan 5.1 era la del Purim.

Tal vez usted quiera tomar su Biblia y leer toda la historia. Me parece que el climax comunicacional del libro se encuentra en 3.14 donde Mardoqueo dice a Ester:

"Si ahora te quedas absolutamente callada, de otra parte, vendrán el alivio y la liberación para los judíos, pero tú y la familia de tu padre perecerán. ¡Quién sabe si no has llegado al trono precisamente para un momento como este!"

Esto tiene profundas implicancias para nuestra vida diaria.

Jesús señaló algo parecido: "Les aseguro que, si ellos se callan, gritarán las piedras". (Juan 19.40). Tal vez Jesús se recordó de Mardoqueo o de Habacuc quien dijo: "Por eso hasta las piedras del muro claman, y resuenan las vigas del enmaderado". (Hab 2.11) o tal vez al escritor de Eclesiastés (3.7) "un tiempo para callar, y un tiempo para hablar".

Creo que la Biblia no nos enseña a hablar todo el tiempo, pero sí a hablar en el tiempo oportuno.

Suelo ver en la TV cristiana a predicadores que hablan, hablan y hablan sin parar un segundo. Casi como que ni siquiera tienen tiempo para respirar. Pero que diferente es escuchar palabras llenas de sabiduría, fruto de una reflexión profunda y un escuchar al Espíritu de Dios.

Otro extremo son los creyentes mudos, que jamás hablan de su fe para evitar problemas con sus jefes, compañeros de trabajo o amigos.

Una última cosa, la fiesta del Purím tal vez es un buen ejemplo de momentos de gozo del triunfo obtenido por Jesús sobre Satanás en la cruz del Calvario. Recuerdo aquella canción que solía cantarla con mucho entusiasmo: "¡Toma tu maleta Satanás y vete de aquí...!"

Recordar que el enemigo está totalmente vencido creo que nos da un respiro fresco y un momento de alegría en tiempos del Covid – 19.

Bendiciones y ¡hasta la próxima!

## 18. Job: comunicación en clave de perplejidad

Debo confesar que es mucho más agradable analizar la comunicación en otros libros, pero aquí nos encontramos con una narrativa trágica, y realmente una comunicación disparatada entre varios de los participantes.

Dios charlando con Satanás, el silencio de Job ante la adversidad, la agresividad de una mujer y los "discursos" tontos de sus 3 mejores amigos; ¿cómo no quedar perplejo?

Según algunos teólogos es el libro más antiguo de la Biblia, en un contexto de la Mesopotamia tal vez anterior a Moisés. Sea como sea nunca encontré una muy buena explicación en la conversación entre Dios y Satanás, aunque tal vez luego de la caída de Eva y Adán podríamos decir que Dios siempre buscó vindicar la fidelidad de ciertos hijos suyos ante la adversidad. ¡Y que gran adversidad! Perder todos tus bienes, perder a todos tus hijos y perder la salud... y seguir confiando en Dios. Tal vez el autor de Hebreos (cap. 11) olvidó incluir entre los héroes de la fe a Job.

Volviendo a los de la charla entre Dios y Satanás quizá haya sido solo una metáfora, y no una charla cara a cara. Pero dejémoslo allí.

Al morir sus hijos Job cae al suelo en actitud de adoración y dice: "Desnudo salí del vientre de mi madre, y desnudo he de partir. El Señor ha dado; el Señor ha quitado. ¡Bendito sea el nombre del Señor!" (1.20,21).

En 2.9 cuando a Job le toma una de las peores enfermedades en la cultura oriental (tal vez algo parecido a la lepra) la esposa le dice: "¿Todavía mantienes firme tu integridad? ¡Maldice a Dios y muérete!" ... Cada cosa que dicen a veces las mujeres...

A partir de la visita de los amigos de Job: Eliafaz, Bildad y Zofar, comienzan llorando, rasgándose las vestiduras y arrojando polvo y ceniza sobre la cabeza y 7 días de silencio. Pero en el capítulo 3 comienzan a hablar, a discursear, pero ojalá se hubieran quedado simplemente callados.

Escuché de un predicador que en griego existen dos maneras de hablar:

1) Laleo (hablar pensando conscientemente) y
2) Batologueo (hablar sin pensar, repetir como habla un loro).

No he podido determinar si en hebreo existen estas diferencias; pero evidentemente estos amigos optaron por la 2. Se pasaron hablando tonterías y estupideces...

He escuchado predicaciones utilizando algunas palabras que parecen de "sabiduría" de estos "amigos", pero evidentemente eran simplemente repeticiones de refranes de la sabiduría mesopotámica, pero totalmente fuera de contexto. Ustedes pueden leer los capítulos 3 al 37, y realmente dijeron todo lo que nunca un amigo verdadero debería decir. Eran puro insinuaciones y acusaciones de que todo lo que había pasado era simplemente por culpa de Job.

No creo que la mejor manera de acompañar a una víctima sea tratar de victimizar al mismo/a. Solo por mencionar algunos aspectos, lo que hicieron fue juzgar a Job, llamándolo:

necio, malvado, incrédulo, infiel, irreverente, impío, inicuo, insensato, hipócrita, mentiroso, vanidoso, altanero, avaro, charlatán, arrogante, engañador, rebelde, corrupto, ladrón, asesino, adúltero... ¡PECADOR!

Tal vez ud. me dice, bueno, pero era todo un lenguaje "metafórico". Pero Job evidentemente entendió perfectamente la literalidad. Lo admirable es que no haya tomado un arma y matara a sus "amigos". Bueno, hoy también pasan cosas como estas cuando algún fundamentalista toma el púlpito y toma 40 o más minutos expresando estas palabras a sus oyentes; o en alguna "visita pastoral" de alguien a quién, sea como sea, quiere lograr hacerlo sentir mal.

Entre los discursos de "los amigos" Job trata de dar algún tipo de defensa, pero con un espíritu de paz, reivindicando a Dios y confirmando su fe en la voluntad y el propósito de Dios.

Me gustan algunas expresiones contundentes de Job:

"Pero el Señor es soberano, ¿quién puede hacerlo desistir? Lo que él quiere hacer, lo hace. Hará conmigo lo que ha determinado; todo lo que tiene pensado lo realizará" (22:13-14); "Yo sé que mi Redentor vive, y que al final triunfará sobre la muerte. Y cuando mi piel haya sido destruida, todavía veré a Dios con mis propios ojos. Yo mismo espero verlo; espero ser yo quién lo vea, y no otro. ¡Este anhelo me consume las entrañas!" (19:25-27). Es increíble la fe de este hombre Job.

Tal vez este libro debería enseñarnos sobre cómo no realizar un acompañamiento en momentos de crisis. Fuera de broma, a mí como paciente bipolar, en medio de mis crisis algunos "amigos" me han dicho algunas cosas parecidas, pero bueno, hay que mantener la calma como Job y tratar de evitar un contacto tan largo con personas tóxicas.

Finalmente, en los capítulos 38 al 41 vemos la intervención de Dios, su sabiduría, su comunicación contundente, y una reflexión a pensar en cada cosa que decimos o pensamos acerca de su soberanía y amor.

En el capítulo 42 Dios responde a Job, escuchamos su enojo contra el parloteo de Elifaz, Bildad y Zofar y vemos su misericordia hacia los mismos. A pesar que a veces decimos cosas tontas, el Señor nos sigue amando. Y la bendición a Job devolviéndole el doble en todo (bienes, hijos, y salud), viviendo 140 años más.

Vuelvo a repetirlo: Creo que Job es un libro muy oportuno para analizar protocolos de acción en situaciones de crisis. Los animo a leerlo y subrayarlo, y a no cometer los errores comunicacionales de "los amigos".

Bendiciones, y ¡hasta la próxima!

## 19. Salmos: comunicación intensa con Dios

En el Salmo 19 encontramos que incluso Dios se comunica sin decir una sola palabra.
Son 150 Salmos o Canciones compuestas mayormente por David, aunque algunos fueron escritos por otros autores. Está comprobado que 73 salmos fueron escritos por el rey David, más existen otros autores de salmos como lo son Moisés, Etá, Edutú, el rey Salomón, Asaf y los hijos de Coré. No obstante, de 49 de los 150 salmos no se conoce su autor.

Los salmos aparecen en el original hebreo agrupados en cinco libros o colecciones, separados por doxologías que aparecen al final de los salmos 41, 72, 89, 106 y 150.

Los Salmos describen diferentes experiencias humanas relacionales, anímicas y espirituales, muy parecidas a las que atraviesa cualquier creyente, y quizá por esto algunos son memorizados.

En mi caso personal prefiero aprenderlos con música. En la década del 80 surgió una corriente muy interesante de poner a los mismos tonos musicales, en América Latina, pero hoy pocos de estos cánticos se escuchan en las iglesias.

Ya más adelante el cantante Bono con su banda U2 popularizó una versión del Salmo 40. Recomiendo ver un video muy interesante del teólogo y pastor Eugene H. Peterson y Bono dialogando sobre los Salmos producido por la Universidad de Fuller.
https://youtu.be/-l40S5e90KY

Ya el Salmo 1 presenta consejos de evitar la comunicación con los malvados, con los burladores y nos indica buscar la reflexión en la Palabra de Dios y su voluntad. Notamos la sinceridad del/los salmistas al expresar ante Dios su enojo, su miedo, soledad, angustia, impotencia, debilidad, quejas, arrepentimiento, etc. Pero también gratitud, alabanza, adoración y confianza absoluta en la voluntad y los propósitos del Señor.

Algunos Salmos son muy personales, pero otros son comunitarios. Algunos fueron escritos como acrósticos, que son verdaderas obras poéticas donde cada estrofa empieza con una letra diferente del alfabeto hebreo.

En el Salmo 19 encontramos que incluso Dios se comunica sin decir una sola palabra: "Sin palabras, sin lenguaje, sin una voz perceptible, por toda la tierra resuena su eco, ¡sus palabras llegan hasta los confines del mundo!" (19.3,4)

Algunas preguntas importantes que responden los Salmos: ¿Cómo debo comunicarme con Dios? ¿Qué características tienen los salmistas al comunicarse con Dios? ¿Qué motivaciones debemos tener al comunicarnos con Dios?

¿Qué vida interior debo tener para que pueda comunicarme eficazmente con Dios? Cuánto más directa sea la comunicación con Dios más conocerás de Él.

El hecho de que a los ojos de Cristo y de la Iglesia apostólica los salmos poseían un valor de oración por excelencia está fuera de toda duda. Es significativo que Jesús conocía varios de los Salmos, y seguramente los cantaba mientras iba viajando para las fiestas judías y en otras ocasiones. Seguramente eran de inspiración para sus momentos de oración y reflexión personal. Cristo no sólo citó y vivió los salmos. Él mismo los interpretó con autoridad, siendo el cumplimiento exacto de muchos Salmos Mesiánicos.

Los Salmos se vinculan con el mensaje evangélico y son inseparables. No es posible dejarlos caer en el olvido sin mutilar la imagen de Cristo y sin privar a la Iglesia de un medio de expresión privilegiado.

Es notable que los Gedeones hayan ideado un Nuevo Testamento con Salmos y Proverbios. Evidentemente ellos consideran que estas lecturas son las más relevantes para cualquier persona del mundo en medio de un viaje, en medio de la enfermedad, o ante cualquier otra situación.

Terminando el artículo de hoy, recordemos: Los factores que entran en juego en la comunicación lingüística: emisor, receptor, mensaje, contexto (objeto del mensaje), código (lenguaje) y canal. Cada uno de estos factores da lugar a una función.

¿Qué elementos de comunicación encontramos en los Salmos? ¿Puedes identificarlos? ¿Puedes subrayarlos con diferentes colores? ¿Cómo te comunicas con Dios? ¿Qué tipo de mensajes emites? ¿Se parece en algo tu comunicación con Dios con la de los salmistas? ¿Me propongo seguir analizando los elementos de comunicación en los Salmos y buscar la manera de hacerlos parte de mi comunicación con Dios?

Bendiciones y ¡hasta la próxima!

## 20. Proverbios: ¿Manzana de oro con adornos de plata?

"Manzana de oro con figuras (adornos) de plata es la palabra dicha oportunamente" (Proverbios 25.11).

Proverbios es un libro lleno de refranes populares de Israel. Muchos de ellos están relacionados con la comunicación:

Hablar palabras de sabiduría, inteligencia y disciplina (cap. 1); Oír palabras de sabiduría, inteligencia, ciencia, conocimiento, justicia y no lo contrario (cap. 2); Comunicarse con sabiduría trae: prosperidad, buena fama, salud, larga vida, tranquilidad, paz (cap. 3). Estos son solo breves ejemplos y usted podría ir subrayando hasta el capítulo 31.

Es interesante que el estilo de hablar va cambiando de generación a generación, por eso es necesario realizar revisiones de la Biblia en lenguaje contemporáneo. Por eso siempre recomendamos utilizar al predicar las versiones más comprensibles.

Aun así, no hay que dejar totalmente de lado las antiguas versiones. En una de ellas, aparece un versículo que me quedó marcado como fuego, gracias a una profesora de Castellano que nos hacía repetirlo a todo el grado en cada una de las clases: "Manzana de oro con figuras (adornos) de plata es la palabra dicha oportunamente" (25. 11). Esto creo que quiere decir que podemos comunicarnos como o mejor que una obra de arte maravillosa. Me resulta muy interesante que podemos armar con nuestras palabras bellas obras de arte, pero también podemos destruir relaciones, literalmente como algunos destruían una ciudad en la antigüedad.

Es muy importante decir las palabras sabias en el momento oportuno.

Pero debemos recordar que la comunicación no consiste solamente en hablar, sino también en oír, prestar atención, mirar los gestos y discernir las intenciones de la persona que nos está hablando. "Es necio y vergonzoso responder antes de escuchar". (18.13) y que "La respuesta amable calma el enojo, pero la agresiva echa leña al fuego" (15.1).

Proverbios enseña claramente que la comunicación dentro del matrimonio y la familia es tan importante que, de no hacerlo, vendrán muchos problemas. (15.4, 23, 30, 31; 16.13; 17.27-28; 18.4). Otros textos nos indican la importancia de una buena y beneficiosa comunicación (1.8, 10,15; 2.1, 21; 4.1, 10, 20; 5:1; 6:1; 7:1). Hay implicación directa que se asume la presencia de dos o más personas en la conversación o en la instrucción de la Biblia (23.15, 19, 26).

Aunque pareciera un libro muy conceptual, Proverbios puede ser muy práctico si relacionamos sus principios con historias reales. De hecho, el autor cada tanto va relatando algunas anécdotas de su época como la advertencia sobre el adulterio (cap. 5 al 7) y su elogio a la mujer ejemplar (31. 10-31).

En base a los Proverbios puedes hacer un ejercicio de reflexión:

1- Da un ejemplo de cuando heriste a alguien con tus palabras.

2- Da un ejemplo de cuando tú fuiste herido por palabras.

3- ¿Qué causa que se rompa la comunicación?

4- ¿Qué es mejor hacer cuando uno está muy enojado?

Piensa en otras preguntas y respuestas que podrías hacer en base a tu lectura de Proverbios y luego escribe una parábola moderna en base a los principios de comunicación de este libro de la Biblia.

Desde ya, ¡que pases un lindo tiempo y con mucha comunicación bendecida!

Y recuerda que Manzana de oro con adornos de plata es la palabra dicha oportunamente.

Bendiciones y ¡hasta la próxima!

## 21. Eclesiastés: Un tiempo para callar y un tiempo para hablar

Hay tiempo para todo, y no es bueno dedicar todo el tiempo a una sola cosa.

Me tomo el tiempo para escribir este comentario comunicacional mientras estoy participando de forma online en el Congreso COICOM 2020. Es algo increíble que uno pueda hacer dos cosas al mismo tiempo. Pero el Maestro, hijo de David, escritor de Eclesiastés nos dice que hay tiempo para todo.

Como ya se había expresado en el artículo anterior sobre Proverbios, estos dichos, comparaciones, metáforas, poesías, posiblemente todo este contenido formaba parte de la cultura popular en la región en época del reino unido de Israel.

Hay mucho sobre comunicación, muy interesante y con muchas aplicaciones para nuestro tiempo.
En estos días hemos tenido bastante lluvia después de una gran sequía. Ya lo decía el sabio: "A su punto de origen vuelven los ríos, para de allí volver a fluir" (1.7).

Aparentemente el sabio, en medio de redactar el texto estaba con una tremenda depresión con una visión cíclica de la historia humana. Y cómo lo expresa RVR60: "Vanidad de vanidades, todo es vanidad" (1:2; 12:8). Es notable que lo repite al inicio y al final del libro, y entre medio pareciera que está todo el desarrollo de su estado de ánimo.

No quisiera detenerme mucho en analizar esta negatividad en autores inspirados, pero sí hay que entender que eran seres humanos con las mismas características que tenemos nosotros, y quizá algunos de ellos con más problemas que cualquiera de nosotros.

Notemos que en los primeros capítulos el autor describe su gran capacidad de investigación (naturaleza, economía, política, comunicación, relaciones públicas, filosofía, antropología, etc).

No es que el autor dice que el estudio sea algo malo, pero en conclusión su idea es que estudiar demasiado, es pérdida de tiempo y vanidad. ¿Pero qué me está ud. diciendo? No, no quiero alentarte a dejar tus estudios, pero veremos que en ese punto de la vida el sabio, dice:

Hay tiempo para todo, y no es bueno dedicar todo el tiempo a una sola cosa.
No es sabio centrar toda la vida solo al estudio, o solamente a ganar dinero, o solamente a conquistar a alguien (no es sabio estar empecinado en el romance todo el tiempo de tu vida).

Entonces, ¿qué hacemos?... Es bueno que el sabio también haya tenido buenos conceptos de teología, y nos dice al final: "Acuérdate de tu Creador en los días de tu juventud" (cap. 11 y 12).

Aplicación comunicacional:

No deberíamos afanarnos en conocer toda la semiótica y todas las reglas y leyes de la comunicación, sino que es bueno que disfrutemos de comunicarnos de forma natural y espontánea.

Si te gusta, dedica un tiempo a la especialización, pero no gastes todo el tiempo en ello solamente, ya que eso es vanidad de vanidades. No te olvides de comunicarte espontáneamente y de forma libre con el Señor.

Bendiciones y ¡hasta la próxima!

## 22. Cantares: Cuando Dios canta al amor y la pasión

El Cantar de los cantares muestra que el amor es un área de la comunicación muy importante para Dios y para cada ser humano.

Cantar de los cantares es una especie de cantata compuesta por Salomón, hijo de David, según el primer versículo.

Para el asombro de muchos es uno de los libros que fueron cuestionados por haber ingresado al canon del Antiguo Testamento por dos motivos: Uno, que en ningún momento aparece el nombre de Dios, y dos, que parece aún hoy algo no muy "religioso" debido al tipo de expresiones de amor entre una pareja de amantes.

Si bien el enamoramiento es algo común en todas las culturas de todas las épocas, muchos pensarían que esta cantata es algo atrevida, algo que Dios no podría haber sido inspirado. Por este segundo motivo, varios teólogos propusieron que en realidad esto es una metáfora entre el amor de Dios y la iglesia.

Hoy en día, sin embargo, sabemos que para Dios todas las áreas de comunicación del ser humano son importantes, y no es nada vergonzoso que Dios haya inspirado un texto relativo al amor en una pareja de humanos heterosexuales, dado que en la creación misma fuimos creados para formar una pareja, y complementarnos el uno con el otro.

Muchas otras historias de la Biblia están enmarcadas en romances muy interesantes, aunque quizá no todas las historias describan el romanticismo como aparece en esta cantata.

No conocemos mucho de la amada, aunque aparecen los términos, esposa, princesa, morena y sulamita. El canto es apasionado, describiendo besos, abrazos y expresiones de admiración sobre cualidades del uno al otro. Muchas de las expresiones se refieren directamente a cualidades físicas: ojos, mejillas, cabellos, dientes, labios, cuello, brazos, ... y otras partes del cuerpo.

Quizá haya algún menor de edad leyendo, así que no entraré en todas las expresiones, pero evidentemente el canto es bastante provocativo y hasta alguien podría definirlo como "muy poco espiritual".

Debemos reconocer que esta área de la comunicación humana es muy importante para Dios, y para cada ser humano dentro de la normalidad. He leído algunos materiales para matrimonios donde teólogos desinhibidos explican el canto como para que una pareja en la actualidad se inspire en el mismo.

No diría yo que esto no tiene que ver nada entre Dios y la iglesia, recortando alguna serie de versículos uno podría aplicar al amor, la ternura y la pasión de Dios hacia la iglesia; y sí, pueden tener algunas similitudes.

A lo que voy es a lo siguiente: Creería que Dios no se avergüenza ni le cae pesado el romanticismo entre una pareja de seres humanos. Fuimos creados desde el principio para enamorarnos y no para ser cristianos de caras largas, de saco y corbata.

Recuerdo que al entrar a la pubertad y la adolescencia a veces a escondidas trataba de interpretar este libro con cierta morbosidad, y me sorprendía cuando alguno de mis amigos, hijo de pastor hacía algún comentario de que también había estado leyendo algo de este libro.

Debo reconocer que por mi carácter extremadamente tímido siempre me ponía de todos los colores cuando alguien empezaba a hablar del tema. Por mi personalidad no tuve la suerte de besar a nadie hasta que tuve 27 años de edad, y fue lo más maravilloso que me ocurrió en ese entonces. Si bien no me casé hasta los 40 años de edad, creo que esta fue un área de mi vida en la que tuve muchos problemas al predicar siendo líder de iglesia desde los 20 años cumplidos.

Hoy en día no tengo problemas de hablar del tema, y es más, animaría a los jóvenes a que se enamoren, que lean el libro, y que lo practiquen durante todo el matrimonio. Pareciera que cuando uno cumple 10 años de casados todo este tipo de expresiones no son necesarias, pero sí lo son. He visto con ternura a ancianos que sin temor alguno expresan la belleza y la pasión a su pareja aun teniendo 50 años de casados, y es algo muy lindo.

Resumiendo. En el área de la comunicación, se nos ha hablado mucho del amor ágape, fileo y también del eros (términos griegos). No olvidemos que Dios nos ha creado como seres humanos integrales, y el amor eros es algo muy necesario en la vida (aunque como ya lo advirtió el sabio en Eclesiastés no debe ocupar todo el tiempo de nuestras vidas).

Dios no se avergüenza de hablar del tema, y es un tema de comunicación donde los pastores y consejeros tienen hoy mucho que decir. Dios siga bendiciendo a todos los enamorados, y que podamos expresarlo de la mejor manera dentro del vínculo del maravilloso regalo que nos dejó Dios, el matrimonio.

Bendiciones, y no se olviden de subrayar con colores este libro, y pónganlo en práctica con toda pasión. ¡Hasta la próxima!

## 23. Isaías: el profeta mesiánico

Labios, brasas, pies, arados, hoces y 21 referencias directas al Mesías de Israel.

Entre los profetas de Israel el que más escribió fue Isaías. Hoy en nuestras biblias su libro tiene 66 capítulos, y en la antigüedad eran varios rollos. Notablemente Jesús al iniciar su ministerio tomó uno de los rollos donde leyó el texto del capítulo 61 (Lucas 4.16-21).

De esto y varios otros textos se puede afirmar que fue uno de los profetas con más profecías mesiánicas a su favor, y por supuesto el capítulo 53 del Siervo Sufriente, donde describe de manera única la dolorosa muerte del Señor.

La obra de Isaías muestra que era un gran poeta, con estilo brillante, precisión, composición armoniosa e imágenes novedosas. Incluso utiliza el lenguaje poético para algunas narraciones de su vida y su época (760 a.C. a 695 a.C.).

El cap. 6 nos da una descripción maravillosa de su llamado, y comunicacionalmente es interesante su reconocimiento ante Dios de tener "labios impuros" y que Israel tenía "labios blasfemos". También es interesante el acto de Dios de purificar y perdonar "la maldad y el pecado" producidos por los labios. En la práctica actual, creo que también deberíamos pedir perdón a Dios no solo por nuestras acciones o pensamientos, sino también por lo malo que decimos.

En este contexto podemos afirmar que Isaías es un profeta pacifista, ya que profetiza en el cap. 2. 4

"El Señor juzgará entre las naciones y será árbitro de muchos pueblos. Convertirán sus espadas en arado y sus lanzas en hoces. No se levantará espada nación contra nación, y nunca más se adiestrarán para la guerra"

Utiliza la metáfora de la viña (cap. 5); la visión del niño (cap. 9); la visión del remanente y el retoño (caps. 10 y 11); canciones de alabanza y victoria (caps. 12, 25, 26, 27, 42, 63 al 66); y también una serie de visiones de juicio para contra distintos pueblos. También describe a Israel y sus líderes con el agregado de visiones de restauración y triunfo final de los fieles al Señor. Me gusta personalmente mucho Is. 58 donde en forma poética el autor presenta el meollo del tema del ayuno.

Señalaré un texto que para mí personalmente es lo más brillante de Isaías comunicacionalmente hablando:

"¡Qué hermoso son, sobre los montes, los pies del que trae buenas nuevas! ¡del que proclama la paz! ¡del que anuncia buenas noticias!, ¡del que proclama la salvación!, del que dice a Sión: ¡Tu Dios reina!" (52.7).

Buenas nuevas, proclamar, anunciar, buenas noticias, decir, exclamar... Todos verbos comunicacionales. También podríamos decir que en este versículo los pies son un elemento fundamental para la comunicación. Ponerse de pie, dar un paso, caminar, correr también podrían ser elementos o canales para la comunicación del evangelio.

El versículo trae el cuadro mental emocionante de una persona rápida corriendo por los montes y llegando a un pueblo con un mensaje desde el frente de batalla, anunciando que la guerra ha terminado y que su líder político favorito está finalmente en el trono. (Ver por ej. el Salmo 24).

El mensaje se describe de la siguiente manera:

Es una buena noticia– es un anuncio de salvación – y es la seguridad de que el Señor está en control. Sabemos que Buenas Noticias en el griego es traducido como Evangelio. Es por esto que a Isaías también se lo conoce como el "proto evangelio".

Jesucristo es el único que puede traer paz y justicia eterna y finalmente erradicar del mundo todo el mal y sufrimiento y dolor y tristeza...

Y lo notable que encuentro en Isaías es que él Señor purifica nuestros labios, nos entrega el mensaje (en el monte, tal vez una metáfora de un encuentro con el Señor) y debemos bajar corriendo del monte a llevar Buenas Noticias Ilimitadas a todo el mundo, a todas las naciones (Mt. 24.14).

Siga esta semana buscando y subrayando elementos de comunicación en el libro de Isaías. No olvides de usar tus pies para comunicarte. Muchas bendiciones y ¡hasta la próxima!

## 24. Jeremías y los falsos profetas

Sus parábolas dramatizadas hacen de este profeta alguien muy llamativo; y que los líderes políticos y religiosos lo odien.

El que ama al Señor no lo puede callar; el que odia al Señor no lo puede callar.

Jeremías es un libro terrible, y a veces da mucho miedo cuando se lo predica. No quiero que me entiendan mal. No estoy diciendo que no hay que predicar sobre este libro, pero no es un cuentito para niños.

Tampoco es un libro "conservador" o "tradicionalista". Suelo escuchar a veces y me río cuando alguien predica sobre "las sendas antiguas" (6.16). Para muchos esas "sendas antiguas" se refieren a los años 1950 o 1960. ¡No señor, no se refiere a esto!

Ahora voy a meterme en el meollo del tema comunicacional de Jeremías, y espero que nadie salga ofendido.

El pueblo de Israel se había apartado completamente del Señor, tanto en la parte espiritual, moral, económica, política, etc. Lo vemos en la constante comunicación de Jeremías frecuentemente en el libro, hablando de inmoralidades, idolatría, prostitución, maldad, mentira, engaño, injusticia, opresión al pobre, al huérfano y a la viuda, tergiversación de la Palabra de Dios, etc.

No me animo ni siquiera a relatar todo lo que estaba pasando en ese tiempo, inmediatamente anterior al exilio babilónico, ya que me da algo de nauseas. Reyes sinvergüenzas, profetas y sacerdotes mentirosos, ladrones y chantajistas, y un pueblo totalmente confundido y alejado de la voluntad del Señor.

Pondré a continuación algunos de los textos que más me llaman la atención:

"Pero ellos no me obedecieron ni me prestaron atención, sino que siguieron los consejos de su terco y malvado corazón. Fue así como, en vez de avanzar, retrocedieron.

Desde el día en que sus antepasados salieron de Egipto hasta ahora, no he dejado de enviarles, día tras día, a mis servidores los profetas. Con todo, no me obedecieron ni me prestaron atención, sino que se obstinaron y fueron peores que sus antepasados". » Tú les dirás todas estas cosas, pero no te escucharán. Los llamarás, pero no te responderán". (7. 24-27)

«Tensan su lengua como un arco; en el país prevalece la mentira, no la verdad, porque van de mal en peor, y a mí no me conocen —afirma el Señor—. Se engañan unos a otros; no se hablan con la verdad. Han enseñado sus lenguas a mentir, y pecan hasta el cansancio. Su lengua es una flecha mortífera, su boca solo sabe engañar, hablan cordialmente con su amigo, mientras en su interior le tienden una trampa". (9. 3, 5, 8)

Tremendo, ¿no? Y esto va de mal en peor en todo el libro. Para ser más ejemplificador, el profeta de Dios utiliza parábolas vivientes: El cinto podrido, los cántaros rotos, las dos canastas de higos, el yugo, el terreno y otras más.

Sus parábolas dramatizadas no solo hacen de este profeta alguien muy llamativo; sino que literalmente hacían que los líderes políticos y religiosos lo odien, con todo el corazón, a punto de torturarlo, atarlo, lastimarlo o tirarlo a un pozo lleno de lodo.

Evidentemente el mensaje de Jeremías nos les gustaba, por lo tanto, contrataban a falsos profetas que contaran lindas historias que hicieran sonreír e imaginar un futuro lleno de éxito, de poder y prosperidad económica como nunca antes.

También es interesante que un rey se tome el atrevimiento de tomar un rollo con una profecía de Dios, lo corte y lo tire al fuego.

Lastimosamente toda esta perversa generación estaba definitivamente perdida y sufrieron las consecuencias.

Aun así, Jeremías habla de un remanente y una restauración de Israel. El Señor siempre cumple sus propósitos, y su propósito no es destruir a la gente, sino salvar y restaurar. Es una pena que muchos no se dan cuenta cuánto Dios nos ama.

Ahora voy a lo último. Desde hace algún tiempo me viene preocupando la "politización" de los púlpitos, con llamados sobre que "El Señor dice..." "El Señor manda..." etc.

De forma llamativa muchos de los mensajes de los falsos profetas del tiempo de Jeremías eran predicados desde el púlpito, o desde el templo, y sonaban muy bonitos.

Dios dijo bien claro: "Yo estoy contra los profetas que sueltan la lengua y hablan por hablar —afirma el Señor—. Yo estoy contra los profetas que cuentan sueños mentirosos, y que al contarlos hacen que mi pueblo se extravíe con sus mentiras y sus presunciones —afirma el Señor—. Yo no los he enviado ni les he dado ninguna orden. Son del todo inútiles para este pueblo —afirma el Señor" (23. 31-32).

"Y, si un profeta o un sacerdote, o alguien del pueblo, dice: "Este es el mensaje del Señor", yo castigaré a ese hombre y a su casa. Así deberán hablarse entre amigos y hermanos: "¿Qué ha respondido el Señor?", o "¿Qué ha dicho el Señor?"
Pero no deberán mencionar más la frase "Mensaje del Señor", porque el mensaje de cada uno será su propia palabra, ya que ustedes han distorsionado las palabras del Dios viviente, del Señor Todopoderoso, nuestro Dios. Así les dirás a los profetas: "¿Qué les ha respondido el Señor? ¿Qué les ha dicho?" Pero, si ustedes responden: "¡Mensaje del Señor!", el Señor dice: "Por cuanto ustedes han dicho: '¡Mensaje del Señor!', siendo que yo les había prohibido que pronunciaran esta frase, entonces me olvidaré de ustedes y los echaré de mi presencia, junto con la ciudad que les di a ustedes y a sus antepasados. Y los afligiré con un oprobio eterno, con una humillación eterna que jamás será olvidada"». (23: 34-40)

Deberían leer detenidamente todo el capítulo 23. Notable comunicación, ¿no?
Les dejo una de esperanza:

» Bendito el hombre que confía en el Señor y pone su confianza en él. Será como un árbol plantado junto al agua, que extiende sus raíces hacia la corriente; no teme que llegue el calor, y sus hojas están siempre verdes. En época de sequía no se angustia, y nunca deja de dar fruto». Nada hay tan engañoso como el corazón. No tiene remedio. ¿Quién puede comprenderlo? «Yo, el Señor, sondeo el corazón y examino los pensamientos, para darle a cada uno según sus acciones y según el fruto de sus obras». (17.7-10)

Bendiciones y ¡hasta la próxima!

## 25. Lamentaciones: tristezas de la cautiva Sión

Uno puede palpar el dolor y sufrimiento del profeta y otros israelitas viendo la destrucción del templo y Jerusalén.

El libro de Lamentaciones tiene como posible autor a Jeremías, y quizá por esto se lo conoce a este siervo de Dios como "el profeta llorón".

El contexto es la cautividad de Israel (tribus de Judá o tribus del Sur) a Babilonia; aunque Jeremías no fue llevado al cautiverio, y vivió un tiempo en Israel y luego se trasladó a Egipto.

Después que Israel fue llevado a la cautividad y Jerusalén quedó desierta, Jeremías estaba sentado llorando, y compuso un poema de lamentos sobre Jerusalén suspirando con amargura de ánimo y dando alaridos.

En primer lugar, es bueno señalar que el llanto y la lamentación son también manifestaciones de la comunicación humana. Uno puede leer el texto, y palpar gráficamente el dolor y sufrimiento del profeta y otros Israelitas viendo la destrucción del templo y de Jerusalén. Obviamente en este caso Dios era el receptor, y el escritor va narrando sus propios lamentos, su amargura, por el triunfo de los enemigos del pueblo.

Sabemos por el libro anterior (Jeremías), que el pueblo había sido advertido sobre lo que ocurriría, pero ellos ignoraron y desecharon el mensaje de Dios. Además de que todo quedó destruido, solo permaneció un puñado de gente pobre e indigente en Jerusalén.

También el autor se lamenta de los "burladores" que pasaban riéndose sarcásticamente de la desgracia de Israel (posiblemente los edomitas).

A pesar de todo el autor reconoce que todo esto fue la voluntad de Dios (la ira de Dios) ante un pueblo rebelde. No estoy seguro si la ira de Dios se asemeja a la ira del ser humano, pero esto fue lo que escribió el autor (ver todo el cap. 2 y parte del 3).

También es interesante ver que Jeremías redactó un acróstico con el alfabeto hebreo. Casi cada párrafo comienza con una letra, lo que lo hace una obra de literatura impresionante.

Aquí en Paraguay se hizo famoso una frase "...... (fulano de tal) Desastre". Si bien nuestro desastre no se parece en nada al que dejaron como legado especialmente los últimos reyes de Judá y el puntapié final que dio el rey Nabucodonosor... Jerusalén quedó como un "castillo de naipes" tirado por el suelo.

Aunque el libro en sí no es una inspiración para la adoración al Señor (no estoy seguro cuántos himnos se inspiraron en este libro), el autor termina diciendo:

"Pero tú, Señor, reinas por siempre; tu trono permanece eternamente. ¿Por qué siempre nos olvidas? ¿Por qué nos abandonas tanto tiempo? Permítenos volver a ti, Señor, y volveremos; devuélvenos la gloria de antaño (renueva nuestros días como antes). La verdad es que nos has rechazado y te has excedido en tu enojo contra nosotros. (5: 19-22).

En medio del dolor, de la desesperación, del presente y futuro tenebroso, que tal vez es por culpa nuestra, y a veces son circunstancias o sucesos fuera de nuestra comprensión o entendimiento, podemos saber que el Señor es el Rey y reinará para siempre.

Puede que las circunstancias no sean las mejores, pero pareciera el libro decirnos que tenemos la posibilidad de expresar nuestro dolor ante Dios. Comunicarnos con Dios y contarle nuestras penas y tristezas no es pecado.

Recuerdo una iglesia de origen brasilero que estaba en el barrio donde vivía. Solía escuchar su hermosa música con instrumentos de viento, y no me aguanté las ganas y fui a presenciar un culto. Me asombró de sobremanera que después de tan buena música, iban pasando al frente una fila de como 10 mujeres, con un velo puesto sobre la cabeza. Los hombres se sentaban del lado derecho del pasillo y todas las mujeres del lado izquierdo; y esas 10 mujeres hablaron más o menos dos o tres minutos cada una. No entendí su portugués atravesado, pero lo que me asombró es que cada una de ellas no paraba un segundo de llorar. Salí de allí con la pregunta si qué había pasado para que esas mujeres lloraran tanto. Después me enteré que todas las reuniones de esa iglesia eran así.

Yo pensé... Pero que tremendamente pecadores se sentirían esas mujeres para hacer tremendo llanterío; pero luego me di cuenta que solo era un ritual religioso. Al ver la TV cristiana veo a algunos predicadores que pasan llorando. Uno de mis amigos me dijo una vez: Cuando vayas a escuchar a "fulano de tal Bullón", debes llevar una palangana, para juntar tus lágrimas. ¡Pero qué estupidez!

A lo que voy es a lo siguiente... Dios ve y ama a las personas con corazón adolorido y triste; pero tampoco la pavada. Ya lo dijo el rey sabio; hay tiempo para todo; tiempo para reír y tiempo para llorar.

Mi consejo es el siguiente: Puedes llorar el viernes de dolores, pero debes celebrar con gran alegría el domingo de resurrección. 70 años después del llanto de Jeremías, vino el gozo y la alegría del retorno del exilio.

Cuéntale a Dios tu dolor, pero mantén la paz de tu alma, sabiendo que ya llega la alegría. Subrayen los actos de comunicación de Lamentaciones y pronto nos encontramos para analizar el libro del profeta Ezequiel.

Bendiciones y ¡hasta la próxima!

## 26. Ezequiel: Del montón de huesos secos al aliento de vida

El capítulo 37 de Ezequiel es bastante conocido, la profecía sobre el valle de los huesos secos.

El joven Ezequiel cautivo en Babilonia tuvo 7 visiones extraordinarias y apocalípticas describiendo de una manera única a un Dios comunicador, en medio de un pueblo sordo y rebelde. A pesar de esto ve en el futuro una restauración que nos deja maravillados.
Este libro se sitúa unos años antes de la destrucción de Jerusalén por el rey Nabucodonosor. Ezequiel es un joven sacerdote de 25 años, durante el reinado de Joaquín cuando parte del pueblo es llevado a Babilonia. Pasados 5 años recibió la primera visión a orillas del río Quebar (1. 1-2).

Algo notable es que cuando Dios se comunica con Ezequiel: Le habla y pone su mano sobre él (1.3; 3.14, 22; 8.1; 37.1; 40.1). Me parece algo importante este factor comunicacional, por más que ahora casi esté prohibido pasar la mano, tocar o abrazar a una persona por el Covid 19. Si uno usa un buscador bíblico es notable la impresionante cantidad de veces que aparece el tema de la mano de Dios.

Yendo al estilo del libro y las visiones, los comentaristas indican que gran parte pertenece al género apocalíptico. El lenguaje empleado a veces resulta oscuro y cargado de simbolismo. Ya en la primera visión encontramos nubes, vientos huracanados, fuego, seres vivientes con cuatro caras, cuatro alas, pezuñas de terneros, cuatro ruedas llenas de ojos, y en medio de todo esto tan raro estaba un trono con alguien con aspecto humano. Bueno, no me detendré a explicar esta visión, pero me resulta tremendamente comunicativa. Este mismo estilo de visiones las tuvo Daniel, y también Juan.

Otra cosa que me llama la atención es que el Señor le dice a Ezequiel cada vez que le envía a hablar al pueblo de Israel: "Tal vez te escuchen, tal vez no" (2. 5, 7; 3.11) y en 3.27 dice: "... El que quiera oír, que oiga y el que no quiera que no oiga..." ¡Sí!, Juan utiliza en el Apocalipsis muchas cosas parecidas a lo que escribió Ezequiel.

Bueno, seguimos un poco más y vemos que Dios se aparta del templo y viene la destrucción de Jerusalén (caps. 4-11), el exilio, la condenación de los falsos profetas, de los líderes políticos y del pueblo idólatra (caps. 12-24).

A partir del cap. 25 hasta el 32 son profecías sobre otras naciones. Y desde el cap. 33 hasta el 48 el tema es la futura restauración de Israel.

En el cap. 33 aparece la figura del profeta como centinela, vigía, o atalaya, para advertir al pueblo. Pareciera que el centinela debía tocar una trompeta. Hoy es usual que cuando hay un terremoto o un tsunami se activan alarmas para que la gente sepa que debe huir o resguardarse. Bueno, en el caso del centinela la trompeta era su medio de comunicación.

El cap. 34 utiliza la figura del pastor que cuida a las ovejas.

El cap. 37 es bastante conocido, el valle de los huesos secos. En todo esto veo muchos elementos de comunicación. No estoy seguro si es únicamente mi imaginación, pero bueno, los huesos secos están incomunicados. Luego esos huesos reviven, tenían piel ¡pero no tenían vida! (v.8), y finalmente reciben aliento de vida y reviven. ¿Podría ser que haya cristianos con piel, pero sin vida? Tal vez los hay, sin comunicarse ni con Dios ni con otras personas. Y finalmente encontramos a un ejército numeroso, con aliento de vida, y con una nueva vida.

Creo que deberíamos pedir al Señor que podamos recibir ese aliento de vida para que de todo corazón podamos ser cristianos que toman la iniciativa de comunicar el mensaje del Señor con convicción y de una manera comprensible para que otros puedan también recibir ese aliento de vida.

Creo que se conjugan muy bien en este libro la imagen de un Dios con una extraordinaria comunicación y un profeta que pudo redactar de manera extraordinaria estas ideas.

Me alienta mucho el último versículo del libro que dice: "Y desde aquel día el nombre de la ciudad será: AQUÍ HABITA EL SEÑOR"

¡Qué cosa más maravillosa! Le invito a seguir estudiando el libro de Ezequiel, subrayando los actos comunicacionales. Bendiciones y ¡hasta la próxima!

## 27. Daniel: lo entenderás todo

El libro del profeta Daniel está sellado (12.4) mientras que el Apocalipsis es un libro abierto (Revelación).

Ninguno de ellos entenderá nada, pero los sabios lo entenderán todo (12.10)
Daniel y sus compañeros fueron llevados cautivos por las tropas de Nabucodonosor a Babilonia. Vemos en los primeros capítulos que fueron "10 veces mejores" que otros alumnos de su camada. El libro resulta fascinante para los niños, especialmente la parte del horno de fuego (cap. 3) y el foso de los leones (cap. 6), y también para muchos jóvenes y adultos.

Luego, como ya habíamos visto en el libro anterior, Daniel escribe en un lenguaje apocalíptico con visiones, sueños, símbolos y una numerología tal vez un poco compleja. De acuerdo a los historicistas todo tuvo un cumplimiento en la historia lineal. Para otros todo es simbólico. Yo diría que tiene un poco de ambas.

Es indudable que la estatua del cap. 2 se refiere a reinos humanos. Creo que no es muy complejo entenderlo; y en Daniel 7 se vuelve a referir a estos reinos en formas de bestias.

Daniel 8 al 12 resulta un poco más complejo, pero entre medio se puede notar la preeminencia de profecías mesiánicas, especialmente en el capítulo 9.

No expresaré mis razones aquí, pero como anabautista no logro concordar mucho con la visión dispensacionalista de las setenta semanas y "las dos partes de la segunda venida", y mucho menos con la fantasía de los adventistas que en base a Daniel 8.14 y las setenta semanas fijan un "juicio investigador" a partir de 1844 de nuestra era. Mucho menos concuerdo con los Testigos de Jehová.

Noto la complejidad del libro, dado que el mismo está sellado (12.4); al contrario del Apocalipsis que es un libro abierto (Revelación). Solo diré que a mí también me resultan algunas cuestiones bastante complejas.

Respecto a lo comunicacional, de nuevo veo una obra literaria fenomenal, y en algunos capítulos con más luz, y en otros con menos luz, se ve a Jesús comunicándose. Dios comunicándose con el joven Daniel, también durante su vida adulta y en la ancianidad.

Daniel estuvo en contacto directo con los reyes Nabucodonosor, Nabodino y Belsasar (Babilónicos) y luego Darío y posiblemente Ciro (Medo Persas).

Es uno de los pocos libros escritos en hebreo y arameo. Todos los reyes lo reconocieron a Daniel por su sabiduría y rectitud. Me imagino al joven explicando el sueño de la estatua ante el gran emperador (cap. 2). O descifrando la extraña escritura en la pared (cap. 5). Vemos a Daniel orando tres veces al día como era su costumbre a pesar del edicto (cap. 6).

En medio de tanto esplendor (imagine usted los jardines colgantes de Babilonia), no tuvo temor de llamar a las cosas por su nombre, incluso dijo al monarca que vendrían otros reinos luego del suyo, y sin temor quedar parado ante la estatua. Daniel tampoco tuvo temor de profetizar la locura del rey por su soberbia, el árbol caído del cap. 4.

Tampoco le temblaron las piernas ni la voz ante Belsasar al decirle "Pesado has sido en balanza, y fuiste hallado falto" (5.27)

Finalizando, en este comentario comunicacional yo diría que no puedo asegurar exactamente cuál es la mejor interpretación del lenguaje apocalíptico de Daniel. Tal vez algunos estudiosos tengan la razón, o parte de razón y otros entendemos muy poco. Logro identificar a Babilonia, Medo Persia, Grecia y Roma. Me gusta mucho la parte de Antioco IV Epifanes, figura de un futuro anticristo. Hay textos que debo señalar que aún no los entiendo, pero espero seguir estudiando con la dirección del Espíritu Santo.

Pero evidentemente en todo el libro de Daniel se puede encontrar como eje central la soberanía de Dios, y a Cristo como personaje principal. Cristo en medio del fuego, Cristo en medio de los leones, Cristo escribiendo en la pared. Y por supuesto Cristo en las setenta semanas.

También aparece Cristo junto al río Tigris (cap. 10) y Cristo superior a todos los reyes de la tierra; esto se puede ver en todo el libro, pero de manera imponente en los capítulos 11 y 12.

La comunicación de Daniel siempre fue Cristocéntricamente escatológica. Mi texto preferido del libro es:

"En los días de estos reyes el Dios del cielo establecerá un reino que jamás será destruido ni entregado a otro pueblo, sino que permanecerá para siempre y hará pedazos a todos estos reinos" (2.44).

Creo que antes que tener disputas acaloradas por la interpretación del libro de Daniel, deberíamos exaltar a Cristo como el Rey de reyes y Señor de señores. Tal vez en estos tiempos de turbulencias políticas, en este mundo debemos recordar que el rey de la tierra no es el presidente de EEUU ni el de Rusia.

Quizá tengamos que leer más el libro, y orar en busca de luz para encontrar la comunicación que quiere tener con nosotros el Rey del Universo.

Sigan subrayando esta semana los actos comunicativos en el libro de Daniel.

Bendiciones y ¡Hasta la próxima!

## 28. Oseas: Amor – traición y perdón – Parece una telenovela

El libro de Oseas presenta una parábola viviente de la relación escandalosa del pueblo de Israel y el amor inagotable que Dios sigue teniendo.

"Lo atraje con cuerdas de ternura, lo atraje con lazos de amor. Le quité de la cerviz el yugo, y con ternura me acerqué para alimentarlo". Oseas 11.4

Hoy comenzamos nuestro estudio de Biblia y comunicación con los libros de los "Profetas menores". Se los conoce como menores porque son libros breves en comparación a los que ya analizamos anteriormente. Oseas es el primero de ellos y fue un profeta que vivió durante la época del reino dividido. Cronológicamente volvemos a una época anterior a los exilios, tanto de Israel por Asiria como el de Judá por Babilonia. Se puede señalar que Oseas profetizó antes del 722 a.C.

Oseas es el profeta del amor, reiterando siempre la imagen de Dios mientras el pueblo representa a la esposa infiel.

Vemos una instrucción insólita: "La primera vez que el Señor habló por medio de Oseas, le dijo: «Ve y toma por esposa una prostituta, y ten con ella hijos de prostitución, porque el país se ha prostituido por completo. ¡Se ha apartado del Señor!»" (1.2)

Debo aclarar que esto no es un manual de consejería prematrimonial.

Realmente esto pareciera una paradoja, pero sí, Oseas tuvo que establecer comunión y comunicación con una mujer de mala vida. Con Gomer tuvieron tres hijos: Jezrel (en sentido de: Dios esparcirá), Lorrujama (Indigna de compasión), y Loami (Pueblo ajeno).

El libro tampoco es un manual de consejería matrimonial. Fíjense que terrible esto: "Me habló una vez más el Señor, y me dijo: «Ve y ama a esa mujer adúltera, que es amante de otro". (3.1)

Esto es algo bien raro en cualquier sociedad patriarcal hasta el día de hoy. En mi país es muy común que un hombre sea infiel, y la mujer debe mayormente perdonar.
Pero ocurre que, si la esposa es infiel, esto mayormente no tiene perdón ya que el traicionado es víctima de todo tipo de burlas por amigos y enemigos.

No entraré en las implicaciones éticas de este libro. En la Biblia en general se exalta a los matrimonios que son fieles por toda la vida. Pero Jesús en el Sermón del Monte también indica: "Ustedes han oído que se dijo: No cometerás adulterio. Pero yo les digo que cualquiera que mira a una mujer y la codicia ya ha cometido adulterio con ella en su corazón" (Mateo 5. 27-28).

Evidentemente el espíritu de la ley de Jesucristo nos hace a todos, tanto hombres como también a las mujeres, culpables de adulterio, y por supuesto también de adulterio espiritual. Antes de avanzar, quiero señalar que he acompañado en mis años de liderazgo a algunos hombres infieles en su matrimonio, que recapacitaron y pidieron perdón. Incluso recuerdo de un caso que el pedido de perdón fue realizado de manera pública. En toda mi vida solo conozco un caso de una mujer infiel, que pidió perdón y volvió con su esposo.

El texto no nos dice si Gomer pidió perdón a su esposo; pero en Oseas 3.2 aparece lo siguiente: "Compré entonces a esa mujer por quince monedas de plata y una carga y media de cebada". Además de perdonarla, Oseas debió buscarla y comprarla. Esto es algo que podemos comparar con el precio que pagó Jesús para redimir a la humanidad perdida. (ver: 1 Corintios 6. 20; 7.21-23)

Fuimos comprados por un precio... ¡Qué valor tan grande tenía Gomer para Oseas! ¡Qué valor tan grande tenemos cada uno de nosotros ante los ojos de Dios!

Siguiendo la idea del texto (3.4-5) vemos la intención de Dios de restaurar completamente a Israel.

El texto en sí es un poema de amor recalcando la fidelidad de Dios y las infidelidades de Israel.

Algunas infidelidades de Israel que aparecen en el texto:

Falsos dioses (2.12), perjurio, mentira y fraude, robo, adulterio, asesinato y violencia (4.2), falta de conocimiento (4.6), perversidad (4.8; 7.1), prostitución (4. 10-11), idolatría e infidelidad (todo el libro), arrogancia (5.5), traición (5.7), rebeldía (7.13), maldad (7.15), corrupción (9.9), hablar por hablar (10.4), y ustedes pueden ir viendo otras infidelidades más en todo el libro.

Usted me preguntará ¿Qué tiene que ver esto con la comunicación?

Jesús dijo: "Porque del corazón salen los malos pensamientos, los homicidios, los adulterios, la inmoralidad sexual, los robos, los falsos testimonios y las calumnias" (Mateo 15.19); "Porque de adentro, del corazón humano, salen los malos pensamientos, la inmoralidad sexual, los robos, los homicidios, los adulterios" (Marcos 7.21).

A lo que voy es a lo siguiente, un buen corazón expresa una buena comunicación. Un mal corazón expresa una mala comunicación.

Concluyendo voy a decir lo siguiente, Jesucristo nos busca siempre, y él pagó un alto precio por nosotros. Aunque muchas veces seguimos cayendo en el pecado, él nos sigue buscando. Oseas nos muestra que no volver al Señor trae resultados calamitosos, pero a pesar de esto, los males que vienen son gritos potentes de que el Señor quiere que volvamos a él.

Y cómo lo dijo el sabio, recordemos: "Por sobre todas las cosas cuida tu corazón, porque de él mana la vida". Y yo agregaría, "del corazón mana toda la comunicación"

Bendiciones y ¡hasta la próxima!

## 29. Joel: restitución tras la plaga

Tal vez si Joel viviera hoy hablaría del COVID–19, la actual "plaga de langostas" que destruye todo a su paso.

No conocemos mucho sobre el profeta Joel, ni del tiempo específico en que predicó.

Lo que notamos solo al iniciar la lectura es la manera de hablar del profeta, con tono enfático, llama la atención sobre el carácter extraordinario de lo que va a comunicar.

"¡Oigan esto, ancianos del pueblo! ¡Presten atención, habitantes todos del país!

... Cuéntenselo a sus hijos, y que ellos se lo cuenten a los suyos, y estos a la siguiente generación" (1. 2-3).

Continúan palabras como: despierten, giman, lloren, laméntense, ayunen, clamen, toquen trompeta en Sion, den voz de alarma, estremézcanse, oren, miren, alaben, alégrense y regocíjense, no tengan miedo, profetizarán, soñarán, proclamen, movilícense, etc.

Evidentemente este corto libro es un llamado a la comunicación.

Los capítulos 1 y 2 describen una plaga de langostas gigantesca, insectos de diferentes tamaños, como un gigantesco ejército que destruye todo a su paso. Muchos de nosotros, entre ellos yo, nunca hemos visto una plaga de langostas. Hoy en día aún existen, pero hay muchos recursos para combatir estos insectos, especialmente los pesticidas agrícolas.

Tal vez si Joel viviera en la actualidad hablaría del COVID–19, esa plaga que está destruyendo todo a su paso, un pequeño virus con "dientes de león y con coronas en su cabeza" que deja desolación, pobreza, luto a su paso.

El profeta hace varios llamados al arrepentimiento. He escuchado varias posturas sobre qué hacer ante el COVID – 19. Recomiendo leer el libro de N.T. Wright "Dios y la pandemia". La idea central es que este no es solo un tiempo de quedarnos con los brazos cruzados, ni tampoco es tiempo de buscar culpables de la tragedia.

Los cristianos contemporáneos deberíamos evitar el juego de la culpa, las teorías de la conspiración y los enfoques oportunistas de los desastres.

Pero teniendo en cuenta esto, no deberíamos dejar de lado los llamados de Dios al arrepentimiento.

Creo que es un tiempo especial donde podemos buscar una profunda comunicación con el Señor, y también una correcta comunicación con las demás personas, nuestros hermanos de fe, nuestras familias, nuestros amigos, vecinos, compañeros de trabajo, y con todos nuestros seguidores en las redes sociales.

Y sí, eso es de lo que nos habla gran parte del libro: esperanza, gozo, abundancia y comunicación más allá de todo lo normal:

La restauración es la respuesta del Señor (2.18-27)

El Señor hará grandes cosas (2. 21-22)

Lluvias de otoño y lluvias de primavera (2.23)

El tiempo de la restitución (2.24-27)

¿De qué me estás hablando Wolfi?

Bueno, yo estoy seguro que la plaga en algún momento terminará. Tal vez los discípulos de Jesús no esperaban una bendición de comunicación luego de los dolorosos momentos en que vieron a Jesús colgado en la cruz. Pero sí, en Pentecostés vino una lluvia de comunicación, como nunca antes vista en el planeta tierra.

Dice Joel: "Después de esto, derramaré mi Espíritu sobre todo el género humano. Los hijos y las hijas de ustedes profetizarán, tendrán sueños los ancianos y visiones los jóvenes. En esos días derramaré mi Espíritu aun sobre los siervos y las siervas" (2.28-29).

Pedro, en su discurso el día de Pentecostés de Hechos 2, vio el cumplimiento de la profecía de Joel en la comunicación sobreabundante del Espíritu Santo. Recordemos que lo que llamó la atención en ese momento fue que las personas oían el mensaje de Jesús cada uno en su propio idioma.

Uno de los principales acontecimientos al ser derramado el Espíritu Santo fue el de una clara y extraordinaria comunicación.

¿No será este tiempo en el que el Señor quiere tener una mayor comunicación con cada uno de nosotros? Que el Señor derrame sobre nuestras vidas lluvia temprana y lluvia tardía, para que, dejando atrás a las terribles langostas, podamos llegar al mundo con una poderosa comunicación del amor de Dios.

Bendiciones y ¡hasta la próxima!

## 30. Amós: el profeta de la justicia social

El libro del profeta Amós es una constante denuncia de pecados relacionados con la opulencia, la opresión a los pobres y una religiosidad pomposa carente de amor.

Dios no siempre llama a "profesionales" para una tarea especial. En Amós vemos a un hombre del campo, que toda su vida había transcurrido cuidando animales (bueyes) ya que se autodenomina boyero y recolector de higos (7.4)

La época en que profetiza es alrededor de unos 30 años antes de la caída y cautividad de las tribus del Norte por los Asirios. El rey del Norte era Senaquerib II, hijo de Joás, y el sacerdote de Betel tenía el nombre de Amasias.

Algo interesante es que sus profecías estaban dirigidas a las naciones enemigas, también a Judá, pero especialmente a Israel (las tribus del Norte). Amós era de Tecoa una pequeña localidad cerca de Jerusalén en el reino del Sur. Esto significa que fue a profetizar a una nación de la cual no era ciudadano, sino un extranjero (las tribus del Norte).

Denuncia la injusticia social

Vemos en todo el libro del profeta Amós una constante denuncia mayormente a pecados que tienen que ver con la opulencia, la opresión a los pobres y a una religiosidad pomposa pero carente de amor.

Veamos solo algunos versículos que revelan el tema:

"Venden al justo por monedas, y al necesitado, por un par de sandalias. Pisotean la cabeza de los desvalidos como si fuera el polvo de la tierra, y pervierten el camino de los pobres". (2.6-7)
"Acumulan en sus fortalezas el fruto de la violencia y el saqueo; no saben actuar con rectitud" (3.10)

"Ustedes odian al que defiende la justicia en el tribunal y detestan al que dice la verdad. Por eso, como pisotean al desvalido y le imponen tributo de grano, no vivirán en las casas de piedra labrada que han construido, ni beberán del vino de los selectos viñedos que han plantado... Ustedes oprimen al justo, exigen soborno y en los tribunales atropellan al necesitado". (5. 10-12)

El texto revela algunos aspectos relacionados a la opulencia:

"Derribaré tanto la casa de invierno como la de verano; serán destruidas las casas adornadas de marfil y serán demolidas muchas mansiones" (3.15)

Referente a las mujeres proclama:

"Oigan esta palabra ustedes, vacas de Basán, que viven en el monte de Samaria, que oprimen a los desvalidos y maltratan a los necesitados, que dicen a sus esposos: ¡Tráigannos de beber!" (4.1).

No estoy muy seguro porqué llama de "vacas" a las señoras tan elegantes, pero habrá tenido sus razones.

Contra la religiosidad vacía carente de sentido

A partir del capítulo 4 Amós trata de manera brillante el calamitoso estado espiritual de la nación del Norte. En este sentido cabe señalar que Israel había abandonado el culto de Jehová en Jerusalén y realizaron una mezcla o sincretismo religioso con santuarios en diferentes lugares como Samaria, Betel y Guilgal.

Notamos que a pesar de la apostasía el Señor sigue enviando a sus mensajeros a esta nación.

Vemos que el Señor rechaza sus sacrificios, sus ofrendas y sus diezmos (4. 4-5). En el capítulo 5 el Señor condena a las personas que pasan hablando y deseando "el día del Señor". Es muy interesante realizar un paralelismo con muchos cristianos de la actualidad.

«Detesto y aborrezco sus fiestas religiosas; no me agradan sus cultos solemnes. Aunque me traigan holocaustos y ofrendas de cereal, no los aceptaré, ni prestaré atención a los sacrificios de comunión de novillos cebados. Aleja de mí el bullicio de tus canciones; no quiero oír la música de tus cítaras. ¡Pero que fluya el derecho como las aguas, y la justicia como arroyo inagotable! (5. 21-24)

No me imagino que ocurriría si hoy se levanta un profeta y dice estas palabras en medio del bullicio musical de algunas congregaciones. No digo que la música esté mal, pero tal vez deberíamos preguntarnos si hay un significado más profundo que el mero levantar las manos, aplaudir, o caer al suelo.

Hay un llamado en el capítulo 6 a todos aquellos que "viven tranquilos". Esta tranquilidad no tiene nada que ver con la verdadera paz que viene del Señor.

"Ustedes que se acuestan en camas incrustadas de marfil y se arrellanan en divanes; que comen corderos selectos y terneros engordados; ... improvisan canciones al son de la cítara e inventan instrumentos musicales; que beben vino en tazones y se perfuman con las esencias más finas" (6. 4-6)

En medio de todas estas declaraciones de Amós, el principal sacerdote de Israel, Amasías, tiene un ataque de ira. No soportó más tanta revelación de Dios:

"Entonces Amasías, sacerdote de Betel, envió un mensaje a Jeroboán rey de Israel: «Amós está conspirando contra ti en medio de Israel. El país ya no aguanta tanta palabrería de Amós...

Entonces Amasías le dijo a Amós: —¡Largo de aquí, vidente! ¡Si quieres ganarte el pan profetizando, vete a la tierra de Judá!" (6. 10-13).

En los capítulos posteriores Amós tiene una serie de visiones donde se compara la caída de Israel con una plaga de langostas, un incendio, una plomada, una canasta de frutas maduras y el desmoronamiento de una ciudad.

Repentinamente el libro da un giro comunicacional y termina con un mensaje de esperanza y restauración para el remanente de la nación (9. 11-15).

Yo personalmente creo que Amós tiene mucho que decirnos hoy llamándonos a cada uno a realizar una profunda introspección referente a nuestras motivaciones referente al uso de nuestras aspiraciones. ¿Son nuestras prioridades el "estatus social" o el "estatus religioso"? ¿Cómo se encuentra nuestra vida, y nuestra comunicación ante las denuncias del profeta Amós? ¿Podemos arrepentirnos y poner a Dios en primer lugar y dejar de lado las apariencias?

Bendiciones y ¡hasta la próxima!

## 31. Abdías: la comunicación arrogante acaba mal

Debemos tener mucho cuidado con lo que pensamos y sentimos, ya se traduce en actos comunicativos.

El libro de Abdías es el más corto del Antiguo Testamento, solamente con 21 versículos, dedicado a los edomitas. Uno lo puede leer en unos pocos minutos de manera completa.

Pero no por eso es un libro menos importante que los demás.

Pero ¿quiénes eran los edomitas?

El profeta Abdías escribe contra el pueblo de Edom, quienes eran los descendientes de Esaú. De Jacob surgió el pueblo de Israel, y de Esaú surgió Edom. Los edomitas vivían al sur este del reino del Sur (Judá), en una tierra caracterizada por montañas y de difícil acceso.

Su ciudad más conocida es Petra, que fue literalmente cavada en la roca, y hasta hoy día es un atractivo turístico muy importante. Tal vez usted puede ver en YouTube algo sobre Petra si no lo ha visto antes, y quedará muy sorprendido.

Bueno, el tema principal del libro es la arrogancia y el orgullo de Edom, ante la cautividad de Judá por parte de los Babilonios y el rey Nabucodonosor.

Pareciera que los Edomitas se regocijaron, se burlaron de sus parientes israelitas, y no solo eso, sino que fueron y recogieron todas las sobras de lo que no llevó Nabucodonosor. Arrasaron con todo lo que había e incluso mataron a los pocos que quedaron (ver versículos 9 al 14).

El pueblo de Edom recibe una tremenda reprimenda por lo que les hicieron a sus parientes.

Pero ¿qué tiene que ver esto con comunicación?

En Abdías hay mucho sobre comunicación. Es algo muy interesante que la mayoría de nuestras emociones y sentimientos se reflejan, a veces de manera espontánea, en nuestra comunicación.

Veamos: Soberbia (v.3); Deseos de poder (v.4); Violencia (v.10); Burla (v. 12); Arrogancia (v.12); Codicia (v.13); Venganza (v.14); Quizá alguien encuentre algunos más.

Aquí creo que está el tema central del libro. El Señor mira mucho más allá de lo que decimos o hacemos. Él mira las intenciones del corazón.

Aplicando las ideas del mensaje, debemos tener mucho cuidado con lo que pensamos y sentimos, ya que eso se traduce en acciones y en actos comunicativos.

Me siento triste cuando algunas personas se creen "todopoderosas" e "infalibles" en las redes sociales. Yo les pido perdón ya que alguna vez actué de manera bastante prepotente en mi Facebook.

Esta semana se armó una discusión no muy agradable en Facebook sobre mi artículo de la semana pasada sobre Amós y la justicia social. Espero que nadie haya quedado con una mala opinión sobre los creyentes que no aceptan un punto de vista o interpretación de algún texto bíblico. Creo que este tema debería de tener un punto final, y más de una vez me he planteado si es conveniente seguir o no en las redes sociales. Por ahora trato de evitar este tipo de choques ya que no creo que aporten nada bueno a nadie.

Bueno, pasaré a otro tema un poco más importante.

Esta semana quedé pasmado, estupefacto, ante los sucesos de violencia en el Capitolio en la ciudad de Washington DC (6 de enero de 2021).

Ya en Paraguay una horda de inadaptados se metió en 2017 al Congreso Nacional y le prendieron fuego. Bueno, Paraguay, uno puede esperar esto de un país Sudamericano. El tema era que un orgulloso y prepotente personaje quería violar la Constitución para perpetuarse eternamente en el poder.

Lo que ocurrió en Washington, uno podría haberse imaginado que alguien podría tirar un balde de agua helada sobre algún congresista... Pero tiraron el balde de agua helada sobre todo el planeta tierra. Yo no podía creerlo. Allí un arrogante y soberbio político incitó a la gente a que defendieran el poder sin importar el precio. Hubo 5 muertos, un susto tremendo para muchos, y varias cámaras y micrófonos de periodistas rotos. Bueno, fue un suicidio político, pero queda una reflexión sobre el tema.

En mi blog tengo un extenso artículo sobre los peligros del poder.

https://wsparaguay.wordpress.com/2019/02/08/ensayo-sobre-el-libro-yo-el-supremo-de-augusto-roa-bastos-los-abusos-del-poder-siempre-traen-consecuencias-negativas/

Cuando uno tiene más y más poder, este tema se vuelve muy peligroso. Es impresionante lo que alguien poderoso puede lograr escribiendo algunas palabras en Twitter.

Bueno, terminemos con esto. Mi reflexión final es que Abdías nos hace un llamado a analizar nuestras motivaciones, ya que estas, tarde o temprano se convertirán en Comunicación.

Bendiciones y ¡hasta la próxima!

## 32. Jonás: el comunicador cascarrabias de un Dios tierno

Hay una grave enfermedad que amenaza hoy a los cristianos: el 'síndrome de Jonás'.

Seguramente todos conocemos la historia de Jonás. No me detendré tanto en las discusiones sobre la ciudad a dónde quería huir, ni en la teología de los pescadores, ni tampoco en el tamaño de la ciudad de Nínive.

No se sabe con certeza la época de la narración. Sabemos que los Israelitas (especialmente los de las tribus del Norte) tenían tremendos conflictos con los Asirios. Eran acérrimos enemigos.

En medio de toda la trama, la tormenta, el sorteo, y la decisión del propio Jonás de ser tirado al mar, vemos a un Dios Todopoderoso, pero también lleno de ternura. Tuvo misericordia y se reveló a unos marinos paganos.

Tuvo misericordia y salvó al cascarrabias profeta Jonás con un submarino viviente.

Recuerdo aún los días en que desapareció el Ara San Juan y sus 44 tripulantes. Yo tengo dudas para subir a un avión hoy en el siglo XXI, y jamás me arriesgaría a meterme a un submarino.

Pero bueno, allí, en las profundidades Jonás ora, y el Señor lleno de ternura le responde. Jonás jamás podría ni siquiera imaginar que Jesús usaría su historia como una metáfora acerca de la tumba y la resurrección (Mt. 12. 38-45; Lc. 11. 24-32).

Alguien expresó de una manera brillante todo esto: "Hay una grave enfermedad que amenaza hoy a los cristianos: el «síndrome de Jonás», aquello que hace sentirse perfectos y limpios como recién salidos de la tintorería, al contrario de aquellos a quienes juzgamos pecadores y por lo tanto condenados a arreglárselas solos, sin nuestra ayuda. Jesús en cambio recuerda que para salvarnos es necesario seguir el «signo de Jonás», o sea, la misericordia y la ternura del Señor"

Aún después de experimentar de primera mano la comunicación misericordiosa de Dios, él no quería tener nada que ver con los Ninivitas. Dios dice a Jonás: "Pobre gente, no distinguen la derecha de la izquierda, son ignorantes, pecadores".

El libro pareciera ser una especie de sátira contra la hipocresía, contra esta actitud de religiosidad perfecta que muchos cristianos tienen hoy en día. No quisiera hacer comparaciones, porque las comparaciones son odiosas.

Pero tal vez existen muchos Jonás navegando por el Facebook o por el Twitter. ¿Cuándo terminaremos de entender las tremendas implicaciones comunicacionales del signo, de la señal de Jonás?

¿Cómo podemos contrastar la comunicación de los seguidores de Jonás, con la comunicación de los seguidores de Jesús?

Bueno, deberíamos leer tal vez la historia de Jonás en la versión MSG (The Message), que está en inglés y también en portugués. No entiendo aún por qué no está en español.

También les recomiendo una tremenda predicación, que tendrán ganas de escucharla una y otra vez, dada sobre el libro de Jonás por la hermana Gadea García, de la iglesia evangélica Burgos. https://youtu.be/4OskaNy3q80

Finalmente vemos a toda Nínive ayunando, incluso los animales, al Señor perdonando. Al mismo tiempo vemos a Jonás refunfuñando y teniendo deseos de morir, porque el Señor fue bueno y misericordioso, lleno de ternura.

Podemos incluso señalar que Jonás fue uno de los mayores evangelistas del Antiguo Testamento, pero al mismo tiempo uno de los personajes más rencorosos y malhumorados de la Biblia. Tal vez únicamente podemos compararlo con los hermanos Boanerges qué pedían que caiga fuego del cielo sobre los samaritanos.

Podríamos hacer una exégesis aún de la calabacera, el gusano y el viento oriental abrazador, pero no tenemos tiempo para eso.

Termino con el texto donde el Señor le dice a Jonás "Tú te compadeces de una planta que, sin ningún esfuerzo de tu parte, creció en una noche y en la otra pereció. Y de Nínive, una gran ciudad donde hay más de ciento veinte mil personas que no distinguen su derecha de su izquierda, y tanto ganado, ¿no habría yo de compadecerme?" (4. 10-11)

Qué Dios tan lleno de ternura y misericordia, y nosotros mientras, maldiciendo a los políticos, maldiciendo a los chinos, maldiciendo a los palestinos, maldiciendo a nuestra suegra, a nuestros jefes de trabajo, o sea quién sea... ¡¡¡Qué contraste fenomenal!!!

Bendiciones y ¡hasta la próxima!

### 33. Miqueas: anunciando justicia, misericordia y humildad

Miqueas nos hace un llamado a vivir una espiritualidad genuina y auténtica teniendo esperanza aún ante los peores conflictos.

El exilio vs. la llegada del Mesías: Tal vez nos suena repetitivo este tipo de mensajes de los profetas pre exilicos. Podemos aquí reiterar que el reino del Norte (Israel, con su capital Samaria) fue llevado al exilio por Asiria el año 722 a.C. y los del reino del Sur (Judá, con su capital Jerusalén) fueron llevados a partir del 600 a.C. por el ejército de Babilonia.

El reino del Norte nunca resurgió, pero el del Sur volvió a Jerusalén luego de 70 años de cautiverio, aunque nunca más volvieron a tener reyes descendientes de David; hasta la llegada del Mesías Jesucristo.

Antes de avanzar más vamos a explicar otras cuestiones simplemente muy útiles sobre cronología para ubicarnos en la Biblia. Se calcula que los primeros libros de la Biblia se escribieron unos 1.500 años a.C. (antes de Cristo). David fue rey unos 1.000 años a.C.

Antes de Jesús los años van de adelante hacia atrás. Por ejemplo: 1.000 a.C.; 900 a.C.; 800 a.C; 700 a.C.

Es interesante ver que Miqueas, unos 700 años antes de Cristo predijo el nacimiento del Mesías en base a la revelación profética que Dios le dio: "Pero de ti, Belén Efrata, pequeña entre los clanes de Judá, saldrá el que gobernará a Israel; sus orígenes se remontan hasta la antigüedad, hasta tiempos inmemoriales... Surgirá uno para pastorearlos con el poder del Señor, con la majestad del nombre del Señor su Dios. Vivirán seguros, porque él dominará hasta los confines de la tierra. ¡Él traerá la paz!" (5. 2, 4).

¡Esto es realmente admirable!

Solo como para terminar la idea, a veces la cronología tiene pequeños errores. Se fijó el año 0 (cero) a.C. y d.C. de forma errada, y sabemos hoy que Jesús tuvo que haber nacido antes del año 0 ya que el rey Herodes murió 4 a.C. (cuatro años antes de Cristo). Bueno, no es necesario angustiarse referente a la cronología. Solo sirve para ubicarnos más o menos en qué época sucedió tal o cual cosa.

Volviendo al tema del libro en general

Miqueas desarrolla, como la mayoría de los autores bíblicos de su época, el tema del juicio a las naciones (Judá e Israel); el tema del juicio a los gobernantes y líderes religiosos; y la restauración del trono de David.

Unos textos importantes: La restauración de Sión. Esto se desarrolla en el capítulo 4. "Dios mismo nos instruirá en sus caminos, y así andaremos en sus sendas... Convertirán en azadones sus espadas, y en hoces sus lanzas. Ya no alzará su espada nación contra nación, ni se adiestrarán más para la guerra" (4. 2-3).

No es malo darle una lectura a todo el libro y subrayarlo. De nuevo, en este libro se nos recuerda el tipo de comunicación de los verdaderos profetas vs. la de los malos profetas. El autor nos habla mucho del tema de la manipulación y el soborno en círculos de poder religioso corrupto. (2. 6-11 / 3. 5-8; etc.)

De los abusos del poder político y económico Miqueas escribe en: (3.1-4 / 5. 10 – 7.7).

Culminamos con un texto para memorizarlo

¡Ya se te ha declarado lo que es bueno! Ya se te ha dicho lo que de ti espera el Señor: practicar la justicia, amar la misericordia, ¡y humillarte ante tu Dios! (6.6)

O como dice la versión MSG (The Message): Pero ya dejó claro cómo vivir, qué hacer, qué busca Dios en los hombres y en las mujeres. Es muy simple: haz lo que es justo con tu prójimo, sé compasivo y leal en tu amor, y no te tomes a ti mismo demasiado en serio, tómate a Dios en serio.

Qué bueno es Dios. En Miqueas podemos encontrar "Paz en la tormenta" gracias al Mesías quien reina por siempre, Jesucristo.

Bendiciones y ¡hasta la próxima!

## 34. El libro del profeta Nahúm: una pequeña obra maestra

Nahúm no escribió un "llamado al arrepentimiento" para Nínive, sino de juicio. Dios ya había enviado al profeta Jonás muchos años antes.

Nahúm es un libro bien pequeño, de solo 3 capítulos. Antes de entrar en el texto es bueno siempre tener alguna idea del contexto. Del profeta Nahúm muy poco conocemos.

El libro fue escrito aproximadamente entre el 663 a.C. y el 612 a.C. (antes de Cristo); y se refiere al reino de Asiria. En ese tiempo Asurbanipal era rey de Asiria (669 a.C. hasta 627 a.C.).

Recordemos que los años antes de Cristo se cuentan de adelante hacia atrás... Por ejemplo (669 a.C.; 668 a.C.; 667 a.C. etc.)

El ejército de Asiria había arrasado con el reino del Norte (Israel) en el año 722 a.C. y también había creado bastantes problemas en el reino del Sur (Judá). Ellos tenían un ejército que usaba uniformes rojos con el símbolo de un león; y de esto se menciona en el libro (2.3-4/ 2.11-12). Este ejército realmente era muy temible. Los leones representaban poder y salvajismo, y nadie podía ser más ducho en estas materias que el propio ejército del rey asirio.

Asurbanipal era conocido como el despiadado rey de los asirios.

No es malo recordar también al profeta Jonás, que tantos dolores de cabeza tuvo con los Ninivitas unos 150 años antes. La historia de Jonás nos haría pensar que los Asirios eran unas personas de corazón muy bueno; dispuestos a oír la voz de Dios; pero bueno, esto fue cosa del pasado. Según lo que nos cuenta Nahúm, para esta época ya ni siquiera recordaban al Dios de Jonás.

Nahúm no escribió este libro como una advertencia o "llamado al arrepentimiento" para la gente de Nínive. Dios ya les había enviado al profeta Jonás muchos años antes, con su advertencia de lo que sucedería si ellos continuaban en sus malos caminos. La gente de ese tiempo se había arrepentido, pero ahora vivían de la misma forma o de manera más impía de lo que lo hicieron anteriormente.

Los asirios se habían hecho terriblemente brutales en sus conquistas, colgando los cuerpos de las víctimas en astas y poniendo su piel en las paredes de sus tiendas entre otras atrocidades.

Ahora Nahúm estaba diciéndole a la gente de Judá que no se desesperen porque Dios había pronunciado juicio y los asirios recibirían justo lo que merecían.

Evidentemente el orgullo de Asurbanipal y de su imperio llegarían a su fin, destruidos por el ejército de Babilonia. El mensaje del libro de Nahúm, anuncia un castigo sin piedad contra el imperio asirio, y anuncia que el Señor vengaría a los oprimidos y así mostraría su justicia y fidelidad con los suyos. Dios es el único Señor de la historia.

Podemos ver que el profeta trata a los asirios como de larvas de langosta (3. 15-17).

Bueno; de aquí hacia adelante nos quedan solo 5 libros para terminar la serie del Antiguo Testamento sobre Biblia y Comunicación.

Y hablando de comunicación, Rubén Aguilar dice: "Los especialistas consideran el texto del profeta (Nahúm) como una obra maestra de literatura oriental.
El lenguaje es vivo y pintoresco. Las imágenes oportunas y eficaces. Además, el lenguaje es limpio, pero también usa modismos raros y precisos".

En este sentido es muy bueno analizar estos pequeños libros como algo muy especial. Para mi gusto este libro es un poco violento, pero está bien, si el Señor consideró que esto tenía que ser así, está muy bien.

Algunas reflexiones: No debemos olvidar lo que Dios hizo en nuestra historia pasada. Creo que olvidarse le costó caro a los Asirios. Y por último; Cuidado con el orgullo porque puede traer mucho barullo....

Y qué barullo le trajo el orgullo al rey Asurbanipal, a Nínive y a todo el reino Asirio.

Un texto bíblico para destacar: ¡Miren! Ya se acerca por los montes el que anuncia las buenas nuevas de victoria, el que proclama la paz. ¡Celebra tus peregrinaciones, Judá! ¡Paga tus votos! Porque no volverán a invadirte los malvados, pues han sido destruidos por completo. (1.15 NVI)

O como lo dice otra traducción: ¡Mira! Cruzando las montañas a grandes zancadas, un mensajero que trae las últimas Buenas Noticias: ¡Paz! ¡Puedes descansar, Judá! ¡Celebren! ¡Adoren y vuelvan a comprometerse con Dios! No más preocupaciones por este enemigo. Ellos son solo historia del pasado. (1.15 MSG)

Bendiciones y ¡hasta la próxima!

## 35. Habacuc: respuestas cuando 'la higuera no florece'

Hemos visto a través de nuestra rápida travesía de los libros de la Biblia y la comunicación diferentes formas de comunicación entre Dios y los seres humanos.

Algunos profetas son bastante preguntones y me sorprende que Dios no tiene problemas en escuchar a quienes tienen algún interrogante. En este caso en especial el Señor utiliza estas preguntas para dar respuestas pedagógicas a Habacuc.

El libro pareciera haber sido escrito el año 607 a.C.

El contexto es anterior a la invasión de Nabucodonosor y el ejército de Babilonia. Los Caldeos (Babilonios) ya avanzaban hacia el oeste (1.6), pero aún no habían llegado hasta Judá (3.16).

Notablemente el libro está escrito en forma poética, culminando con una oración cantada.

En medio de una pequeña obra extraordinaria Habacuc pone por escrito lo que en el Nuevo Testamento encontramos como centro del evangelio: La justificación por la fe (Habacuc 3.4; Romanos 1.17; Gálatas 3.11; Hebreos 10.38).

Este libro toma su nombre de su autor y significa "uno que abraza" (1.1; 3.1); sólo esto sabemos acerca del autor.

Primera queja de Habacuc

En los primeros versículos Habacuc se queja de las injusticias: "Señor, ¿cuánto tiempo tengo que pedir ayuda antes de que me escuches? ¿Cuántas veces tengo que gritar: ¡Ayuda! antes de que vengas al rescate? ¿Por qué me obligas a mirar el mal, y ver los problemas día tras día?" Usted puede leer la queja completa en su Biblia (1.2-4). El profeta expresa consternación por la elección de Dios del instrumento (Babilonia) para el juicio.

Dios le responde, le explica que enviará los caldeos para castigar a su pueblo... ¡el juicio vendrá! (1.5-11). Dios, en su actuar, es soberano y justo. Y en su soberanía, Dios utiliza maneras que a veces nos parecen extrañas, para educar a sus hijos.

No se desanime en este ping pong de preguntas y respuestas ya que más adelante encontramos verdaderas joyas de la espiritualidad del Antiguo Testamento.

Segunda queja de Habacuc

La segunda queja está en 1.12-2.1 El centro de la queja está en 1.13: "¿Por qué entonces toleras a los traidores? ¿Por qué guardas silencio mientras los impíos se tragan a los justos?"

"Y el Señor me respondió: Escribe la visión, y haz que resalte claramente en las tablillas, para que pueda leerse de corrido. Pues la visión se realizará en el tiempo señalado; marcha hacia su cumplimiento, y no dejará de cumplirse. Aunque parezca tardar, espérala; porque sin falta vendrá. El insolente no tiene el alma recta pero el justo vivirá por su fe". (2. 2-4)

Como ya lo habíamos señalado estos textos sirven de base a la doctrina de la justificación por la fe. En el tema de la comunicación, vemos en toda la Biblia que la fe persevera en momentos de crisis (ver Hebreos 11).

Tal vez haya que hacer todo un estudio bíblico sobre la justificación por la fe y usted puede hacerlo. A mi parecer, veo que la fe también se expresa a través de nuestra comunicación con Dios y con otras personas. Tal vez analizaremos este tema en otro momento.

Personalmente me parece que en estos tiempos de pandemia deberíamos analizar cuál es la manera de perseverar en la fe.

Siguiendo el capítulo 2, vemos que Dios responde con 5 "Hay" sobre los Caldeos (Babilonios). Evidentemente se nota el contraste entre la fe frente a:

1) Los ladrones, saqueadores y violentos (2.5-8);

2) Los que buscan vivir de ganancias injustas (2.9-12);

3) Los que van en contra del conocimiento de Dios (2. 12-14);

4) Los que confían en sus propias fuerzas (2. 15-18);

5) Los que confían en dioses ajenos (2.19-20).

La oración de Habacuc

Aquí encontramos al profeta totalmente transformado. Evidentemente las respuestas del Señor produjeron su efecto y tenemos en el capítulo 3 una de las más bellas canciones dirigidas al Señor, en medio de la crisis.

En los primeros 15 versículos el canto describe a Dios de manera imponente ejerciendo justicia. Y para terminar colocaré la última parte, que me gusta mucho.

"Al oírlo (a Dios), se estremecieron mis entrañas; a su voz, me temblaron los labios; la carcoma me caló en los huesos, y se me aflojaron las piernas. Pero yo espero con paciencia el día en que la calamidad vendrá sobre la nación que nos invade. Aunque la higuera no florezca, ni haya frutos en las vides; aunque falle la cosecha del olivo, y los campos no produzcan alimentos; aunque en el aprisco no haya ovejas, ni ganado alguno en los establos; aun así, yo me regocijaré en el Señor, ¡me alegraré en Dios, mi libertador! El Señor omnipotente es mi fuerza; da a mis pies la ligereza de una gacela y me hace caminar por las alturas". (3. 16-19).

¡Qué maravillosa comunicación llena de fe! No permitamos que las crisis destruyan nuestra fe. Es hoy más que nunca el momento oportuno para hablar con Dios, preguntarle nuestras dudas, y poner toda nuestra fe en los méritos de Jesucristo que es el Gran Vencedor.

Bendiciones, y ¡hasta la próxima!

## 36. Sofonías: cuando Dios canta

Aunque en Apocalipsis aparecen cantando coros de ángeles, o de personas, aquí es Dios mismo quien canta.

¡Lanza gritos de alegría, hija de Sión! ¡da gritos de victoria, Israel! ¡Regocíjate y alégrate de todo corazón, hija de Jerusalén! El Señor te ha levantado el castigo, ha puesto en retirada a tus enemigos. El Señor, rey de Israel, está en medio de ti: nunca más temerás mal alguno.

Aquel día le dirán a Jerusalén: «No temas, Sión, ni te desanimes, porque el Señor tu Dios está en medio de ti como guerrero victorioso. Se deleitará en ti con gozo, te renovará con su amor, se alegrará por ti con cantos. (Sofonías 3.14-17).

De acuerdo con la introducción del libro (1.1), Sofonías ejerció su actividad en el Reino del Sur, los días de Josías (640-609 a.C.). Según el primer versículo Sofonías era del linaje real. El profeta, al igual que otros realiza juicios sobre Judá, sobre los filisteos, los moabitas, los amonitas, los cusitas y los asirios (1.4 – 2.15)

Como en anteriores libros de la Biblia encontramos aquí en Sofonías, en solo 3 capítulos los temas de Juicio, pero también de restauración para el remanente fiel de Judá. A la luz de la gloriosa promesa de restauración, el pueblo de Dios debería cantar con alegría. La promesa es que Dios les salvará y redimirá tanto de sus enemigos como de sus iniquidades.

Sofonías señaló las desviaciones del pueblo de Judá: la injusticia y la idolatría (1.4-6. 8-13; 3.1-8). Pero señala categóricamente que en medio de Jerusalén está la presencia de Dios (3.5), y que finalmente el Señor vencerá.

Un hermoso canto de triunfo aparece en el libro (3.14-17). En estos textos me llama profundamente la atención que Dios mismo aparece cantando con gozo y alegría (3.17). Aunque en los libros apocalípticos aparecen cantando coros de ángeles, incluso coro de seres humanos salvados por gracia, aquí vemos a Dios mismo cantando.

Tal vez deberíamos analizar esto en forma más extensa, analizando la comunicación de Dios a través del canto.

Muchas veces tenemos una imagen de Dios serio y malhumorado, y eso transmitimos en nuestras expresiones, nuestras actitudes, y también en nuestros cantos. Hay cantos incluso para niños donde Dios aparece con un rostro severo y enojado controlando lo que hacen los pequeños.

Pero aquí vemos a un Dios bastante diferente, alegre y cantando... Spurgeon en uno de sus sermones dijo:

"Tan llena de errores como está la iglesia, el Señor se regocija en ella. Mientras nosotros nos lamentamos, bien podríamos, pero no nos entristecemos como aquellos que no tienen esperanza; pues Dios no se entristece, su corazón está alegre, y se dice que se alegra con gozo – una expresión altamente enfática... ¡Piensa en el gran Jehová cantando! ¿Puedes imaginarlo? ¿Te es posible ver al mismo Dios cantando, Padre, Hijo y Espíritu Santo juntos, cantando sobre los redimidos? Dios está tan feliz en el amor que él lleva sobre su pueblo que rompe el silencio eterno, y el sol y la luna y las estrellas, con asombro, oyen a Dios cantar un himno de alegría"

Otras cuestiones interesantes que hay en este libro sobre comunicación:

1. Dios transforma nuestra comunicación: "Purificaré los labios de los pueblos, para que todos invoquen el nombre del Señor y le sirvan de común acuerdo" (3.9)

2. Dios quita todo tipo de comunicación altanera, jactanciosa y arrogante y la transforma (3.11-13).

3. Dios quita de los labios de su pueblo las mentiras y el engaño (3.13).

4. Dios nos llama a cantar con gozo y júbilo junto a él (3.14-18).

5. Dios rescata a los oprimidos y avergonzados (quienes tienen una comunicación dañada por la tristeza y el dolor) (3. 18-19).

Resumiendo, podemos hablar de que en este libro hay una promesa de total restauración, y esta restauración incluye como resultado al canto como una hermosa forma de comunicación, tanto de Dios como del remanente.

¡Gocémonos, alegrémonos y cantemos!

Bendiciones, y ¡hasta la próxima!

## 37. Hageo significa fiesta... y generosidad

Una gran preocupación de los líderes de Judá tras volver del exilio era cómo lograr una renovación espiritual y religiosa.

Los últimos 3 libros del Antiguo Testamento son de profetas de Judá, que escribieron luego del exilio de 70 años en Babilonia (post exílicos). Los escritores que vivieron este periodo (más o menos entre los años 500 al 400 a.C.) fueron: Esdras, Nehemías, Hageo, Zacarías y Malaquías. También podemos incluir entre estos al libro de Ester aunque los hechos de este libro ocurrieron en Susa (Reino de Persia).

El nombre Hageo significa fiesta. Escribe su libro en tiempos del Rey Darío, y dirigida a Zorobabel hijo de Salatiel, gobernador de Judá, y al sumo sacerdote Josué hijo de Josadac. (Hageo 1. 1-2).

La gran preocupación de los líderes de Judá que habían vuelto del exilio era sobre cómo lograr una renovación espiritual y religiosa dado que muchos habían estado en una cultura que no conocía a Jehová, y la mayoría de la gente joven no había conocido el templo ni habían rendido culto al Señor durante el tiempo del exilio.

Los primeros 11 versículos nos presentan a un pueblo centrado en la construcción de casas y de fortalecer la economía, y por otra parte habían dejado a un segundo o tercer lugar el tema del templo. (1.2 – 11)

El pueblo escuchó a Hageo, y el Señor envió un mensaje. "Entonces Hageo su mensajero comunicó al pueblo el mensaje del Señor: «Yo estoy con ustedes. Yo, el Señor, lo afirmo»." (1.13).

En el capítulo 2 el Señor envía palabras de ánimo a Zorobabel y a Josué: "Pues ahora, ¡ánimo, Zorobabel! —afirma el Señor—. ¡Ánimo, Josué hijo de Josadac! ¡Tú eres el sumo sacerdote!

¡Ánimo, pueblo de esta tierra! —afirma el Señor—. ¡Manos a la obra, que yo estoy con ustedes! —afirma el Señor Todopoderoso—". (2. 4)

En el versículo 8 vemos esta impresionante afirmación: "Mía es la plata, y mío es el oro —afirma el Señor Todopoderoso—".

Tal vez muchos utilizan el libro de Hageo, y también el de Malaquías, enfocados en el tema del cumplimiento de los deberes económicos del creyente para con Dios y la mayordomía en el sostenimiento de la organización de la iglesia.

Claro que se encuentran importantes principios sobre el manejo del dinero. En mi postura personal creo que esto abarca mucho más que la economía. Creería que el tema aquí tratado tiene que ver con nuestras prioridades. ¿Qué es lo más importante para cada uno de nosotros?

En este tema de las prioridades me parece importante recordar que nuestra comunicación refleja en gran medida las prioridades que tenemos en nuestro corazón. Es así que dar x cantidad de dinero para la obra de Dios, simplemente refleja las prioridades de nuestro corazón.

Ya lo había dicho Pablo: "Entonces estará lista como una ofrenda generosa, y no como una tacañería. Recuerden esto: El que siembra escasamente, escasamente cosechará, y el que siembra en abundancia, en abundancia cosechará. Cada uno debe dar según lo que haya decidido en su corazón, no de mala gana ni por obligación, porque Dios ama al que da con alegría". (2 Corintios 9. 5-7).

Evidentemente tanto Hageo como también Pablo presentan una especie de recompensa cuando damos algo para el Señor; pero es importante recalcar que esto no se trata de especular o chantajear a Dios (te doy esto y tu me das tanto) ... También debemos recordar que hay personas muy fieles que también pasan por malos momentos económicos o de otro tipo como por ejemplo Job.

No me quiero desviar mucho del tema, pero quiero señalar que me preocupa enormemente lo mal que se maneja este tema por los predicadores de la "prosperidad". Estos predicadores aman al profeta Hageo y también a Malaquías, y es su deleite predicar una y otra vez un mensaje de Dios totalmente distorsionado. Tal vez la pandemia ha arruinado a muchos "el negocio de la fe". Bueno, aquí termino la idea...

Y usted ¿Qué prioridades tiene en su corazón? ¿Habla todo el tiempo sobre el dinero? ¿Qué refleja su comunicación?

Bendiciones, y ¡hasta la próxima!

## 38. Zacarías: profeta del Mesías

Su nombre significa "Dios recuerda", y habla de las nuevas vestiduras limpias.

Hemos llegado al penúltimo libro del Antiguo Testamento. Zacarías significa "Dios recuerda". Es un profeta post exílico.

Así como Isaías es el profeta mesiánico entre los Profetas mayores, Zacarías lo es entre los menores. A pesar de ser un libro de 14 capítulos encontramos una riqueza Cristológica impresionante. Solo señalaré algunos textos que presentan a Jesucristo en su encarnación, como "Príncipe de Paz" (Zac. 9. 9-10); "El Renuevo" (3.8; 6.12); "El Rey humilde" (9. 9-17); "El Pastor sufriente" (11. 4-14); "El Traspasado" (12. 10); "Fuente para lavar el pecado" (13.1); "El Pastor de las ovejas" (13. 7-9). También hay algunos textos que apuntan al Mesías en su segunda venida gloriosa (2. 10-11; 14. 5-9).

¡Maravilloso profeta mesiánico! Entre los estudiosos de este libro hay algunas interpretaciones un poco complicadas, especialmente en las cuestiones escatológicas. Pero dejemos de pensar en lo complicado y disfrutemos de la comunicación clara y contundente sobre el Señor Jesús.

Me gustaría centrarme en el capítulo 3; una de las visiones maravillosas que más me gustan de la Biblia. Refleja una comunicación majestuosa de Dios, yo creo que aquí se refiere a Jesucristo, ante el Sumo Sacerdote Josué (515-490 a. C.).

No se nos dice mucho en la Biblia sobre este Josué. Solo que era el líder espiritual durante la reconstrucción del Templo de Jerusalén por Zorobabel y su equipo de constructores. Podemos intentar imaginar por qué aparece el Acusador (Satanás) y empieza a denigrar a Josué quién tenía puesto ropas sucias (3.3).

Aquí nuevamente aparece como en Job una metáfora sobre una comunicación entre Satanás y Dios. No estoy seguro que esto se haya tratado de una conversación cara a cara literalmente. Todos sabemos que Satanás pasa acusándonos todo el tiempo, y se encarga de repartir sus acusaciones de boca en boca. Es aquí donde aparece un Ángel que reprende al acusador.

Una metáfora impresionante es la del tizón rescatado de en medio de un gran incendio (3.2). Estaba pensando en esto durante estos días en que veía por TV los grandes incendios en la Patagonia Argentina.

A partir de allí encontramos un mensaje de justificación por la fe; de perdón; utilizado muchas veces por Jesús y los apóstoles: la figura de el "Vestido nuevo". El ángel afirma "¡Quítenle las ropas sucias" (símbolo de liberación de la culpa) y el reemplazo por "ropas espléndidas" (3.4). La mayoría de los comentaristas están de acuerdo que esto es una figura de la imputación de los pecadores con la Justicia de Cristo.

Vemos luego que también le colocan una mitra o turbante nuevo y limpio (3.5). Esto tiene relación con nuestros pensamientos, pero también con nuestra identidad, e incluso con el liderazgo referente a los asuntos espirituales (3. 6-7).

En el versículo 8 encontramos la promesa para Josué sobre "la venida del Renuevo". Esta figura es realmente extraordinaria. Podría tener relación con el incendio del vers. 2. Luego que pasa un tremendo incendio, se ve que algunas plantas fueron quemadas, pero vuelven a brotar. Jesucristo es la vid que brota aún luego del peor incendio.

Finalmente me gusta muchísimo la figura comunicacional de los versículos 9 y 10. El Señor entrega una piedra a Josué, "una piedra con siete ojos", con una inscripción: "¡En un día borraré el pecado de esta tierra!

Recuerdo que cuando estaba de novio con la que hoy es mi esposa, y yo debía realizar un extenso viaje de trabajo, le regalé una piedra de colores, para que la tenga consigo, y yo tenía otra, y cada día al ver la piedra en el escritorio o en la mesa de luz, podíamos recordarnos el uno al otro. Por suerte ya existía entonces Internet y teníamos Messenger, así que no necesitábamos estar mirando una piedra para recordarnos el uno al otro. Pero bueno, el simbolismo a veces tiene cosas muy interesantes. Y creo que para Josué fue muy importante tener esta piedra llena de ojos que decía "En un día borraré el pecado de toda la tierra"

Finalmente vemos un pasaje comunicacional impresionante. La gente, al ver la obra de limpieza y de purificación de Dios, van cada uno con sus vecinos, en medio de jardines llenos flores y de frutos, conversando sin la necesidad de tener murallas ni cercos (3.10)

Pero ¡qué maravillosa comunicación!

Cerrando la idea, aunque cualquier niño puede entender este capítulo, Jesús, el perdón de los pecados, la justicia de Jesucristo, la justificación por la fe, y tantas otras figuras del evangelio, la buena noticia de Jesús, están relacionados directamente con la comunicación. ¿No le parece maravilloso?

Bendiciones y ¡hasta la próxima!

## 39. Malaquías: un profeta en contra de las apariencias

Malaquías es un libro de 4 capítulos, que cierra el canon del Antiguo Testamento, y los mensajes de los profetas menores. Ya lo habíamos dicho, es un profeta post exílico, aproximadamente 400 años antes de Cristo (a.C.).

Malaquías significa "Mensajero del Señor". El libro trata los temas de fidelidad, justicia, paz y armonía. Toma temas candentes como la familia, relaciones entre padres e hijos, la comunicación y la ética.

Comienza con la frase "Yo los he amado", dice el Señor (Malaquías 1.2).

En el cap. 1 desarrolla el tema de la fidelidad en el culto al Señor, rechazando el tema de "dar lo peor" al Señor como ofrenda. Aquí no se trata meramente de dinero, sino de todo lo que ofrecemos a Dios. En 1.14 se trata de "Tramposo" a todo aquel que quiera demostrar algún tipo de "espiritualidad" dando cualquier cosa, solo para aparentar o tratar de tener la conciencia tranquila. De paso, dar a Dios no es una transacción económica, aunque vemos que las ofrendas pueden ser algo despreciable para Dios cuando se las presenta con un espíritu de tacañería.

En el capítulo 2 se habla de la comunicación de los líderes religiosos: "En su boca había instrucción fidedigna; en sus labios no se encontraba perversidad...

Los labios de un sacerdote atesoran sabiduría, y de su boca lo hombres buscan instrucción, porque es mensajero del Señor Todopoderoso" (2. 6-7). Esto realmente no ocurría en tiempos de Malaquías.

El capítulo 2 también trata de la comunicación en el matrimonio, y de lo grave que es a Dios la deslealtad, traición y el divorcio. (2. 14-16).

Notablemente aparece este texto: "Ustedes han cansado al Señor con sus palabras" (2.17). Creo que es importante reflexionar qué palabras utilizamos. Especialmente debemos tener en mente que hoy es válido el mandamiento de no tomar el nombre del Señor en vano.

Vemos al entrar en el cap. 3 que toda nuestra comunicación debería estar centrada en Jesucristo. "El Señor Todopoderoso responde: Yo estoy por enviar a mi mensajero para que prepare el camino delante de mí. De pronto vendrá a su templo el Señor, a quién ustedes buscan; vendrá el mensajero del pacto, en quién ustedes se complacen" (3.1)

Desde pequeño tenía en mi biblia siempre un señalador indicando "la bisagra" entre el Antiguo y el Nuevo Testamento. Creo que la bisagra no está en el tema de los diezmos, sino que es el tema de Jesucristo. El Antiguo es la promesa de Jesús y el Nuevo es su cumplimiento.

En el capítulo 3 veo que notablemente que la fidelidad, tanto en los diezmos y ofrendas, como a la esposa, en el trabajo, y en todo lo demás está relacionado con la fidelidad de Jesucristo. Jesús aquí aparece como el lavador y purificador. Él nos purifica y entonces podremos presentar ofrendas aceptables al Señor, basados no en nuestra justicia sino en la justicia de Cristo (3. 2-4).

Un texto más que nos habla de comunicación: "Los que temían al Señor hablaron entre sí, y él escuchó y les prestó atención" (3.16).

En el capítulo 4 se presenta a los que ponen su confianza en el Señor recibiendo los rayos del Sol de Justicia (Jesucristo) trayendo salud, fortaleza, gozo y bienestar (4.2).

Termina el libro con la promesa de reconciliación entre padres e hijos (4.5-6).

Un libro con micha actividad comunicacional, llamándonos a centrarnos en Jesús y en su fidelidad, a cuidar y valorar a nuestras familias, buscando la paz y el bienestar integral que nos promete el Señor si confiamos en él.

Bendiciones, y ¡hasta la próxima!

## Nuevo Testamento

### 1. Mateo: Dios se hace humano para que lo entendamos

Dios habló de muchas maneras en la historia, pero Mateo nos lleva ar la mayor comunicación de Dios, Jesús encarnado.

Iniciamos aquí un breve análisis de la comunicación en el Nuevo Testamento.

Dios habló de muchas maneras en la historia de la humanidad, pero Mateo nos llama a analizar la mayor comunicación de Dios, Jesucristo, Dios encarnado, a quien se llama Emanuel, "Dios con nosotros".

En los primeros capítulos de Mateo se desarrolla una comunicación entre ángeles enviados por Dios con José y María. Dios se comunica con unos sabios a través de una estrella. También podemos ver el tipo de comunicación peligrosa que puede elaborar una persona que está aferrada al poder y llena de maldad como Herodes.

Luego encontramos a Juan el Bautista, una voz que clama en el desierto, y también se escucha una voz desde el cielo aprobando la misión que estaba iniciando Jesús.

Jesús, el gran comunicador inicia su ministerio venciendo al tentador con las escrituras y luego empieza a llamar a sus discípulos. Escuchamos de Mateo el desarrollo del gran Sermón de Jesús en el Monte explicando los grandes principios del Reino de los cielos.

Jesús enseña con su palabra, sana con su palabra, resucita muertos con su palabra, anuncia las buenas noticias, llama, envía, responde y en contadas ocasiones reprende. Su manera predilecta de enseñar: las parábolas. "Hablaré por medio de parábolas; revelaré cosas que han estado ocultas desde la creación del mundo".

Un hecho importante que aclara Jesús en Mateo, es que sus seguidores entienden su mensaje dado que quienes escuchan sus palabras son como niños. Sus enseñanzas no consisten en cargas pesadas, sino que en él podemos encontrar descanso para el alma. Sus palabras son energía para todo aquel que está cansado, desanimado o desesperado.

Con su palabra alimenta a miles de personas. Con su palabra reprende a quienes han hecho un negocio con el tema de la fe. Habla del futuro de la iglesia, instituyendo la cena como elemento didáctico y conmemorativo.

Quizá una advertencia que hace acerca de una mala comunicación se puede leer al final del cap. 11. "El que es bueno, de la bondad que atesora en el corazón saca el bien, pero el que es malo, de su maldad saca el mal... Todos tendrán que dar cuente de toda palabra ociosa que hayan pronunciado. Porque por tus palabras se te absolverá, y por tus palabras se te condenará".

Se relatan en Mateo los diálogos de Jesús con los religiosos, con los políticos y con los soldados. Finalmente se relatan sus palabras en la cruz, su resurrección y la gran comisión para sus seguidores.

Jesús se hace comprensible a través de la redacción del ex recaudador de impuestos judío, Mateo.

Como desafío, les dejo, subrayar en sus Biblias los elementos de comunicación encontrados en el libro de Mateo.

Bendiciones y ¡hasta la próxima!

## 2. Marcos: parábolas, firmeza y buenas noticias

La esencia de la comunicación de Jesús en el evangelio de Marcos.

El libro de Marcos introduce el primer versículo, con el acto comunicacional que guiará toda la lectura: La Buena Noticia acerca de Jesús.

No tenemos tiempo de señalar cada uno de los actos comunicativos de este muy interesante evangelio. Aparece Juan el Bautista como mensajero que anunciaba a quién estaba por llegar. Juan bautiza a Jesús, el cielo se abre y Dios habla desde el cielo señalando "Jesús es mi Hijo amado, y eso me da gran gozo".

Llegó la promesa que tanto tiempo se esperó. Jesús llama a sus discípulos, Jesús enseña, libera a endemoniados, sana, predica. Las Buenas Noticias avanzan por todas partes, y su misión es llevar las Buenas Noticias a diferentes pueblos y ciudades.

En Marcos Jesús muestra compasión, predica con pasión, confronta con convicción. Se puede notar la forma cómo hábilmente se comunica con las multitudes, como también con grupos pequeños o con una sola persona.

Su mensaje es nuevo para la mayoría: No es una tela nueva cocida sobre una ropa vieja, ni vino nuevo en odres viejos. Es algo totalmente diferente y alejado de la tradición religiosa.

Individuos con los que Jesús se comunica: con un hombre poseído, con un leproso, con un paralítico, con Leví Mateo, con un hombre con la mano deforme, con Jairo, con la mujer enferma, con la hija de Jairo, con la mujer extranjera, con un joven rico, con la mujer con el vaso de alabastro, con Pedro, con el Sumo Sacerdote, con Pilato y con María Magdalena. Es notable la actuación de Jesús en comunicación sanando a ciegos, sordos y mudos.

Grupos con los que Jesús se comunica: Mayormente Jesús se comunica con los grupos a través de parábolas. Se comunica con multitudes y no las trata como si fueran solamente un montón de gente. Jesús los ama, y su mensaje llega porque enseñaba con amor y convicción. También reprende a demonios y grupos de demonios.

Confronta a grupos de religiosos tradicionalistas. Alimenta a multitudes. Pero su mayor comunicación se da con sus discípulos, a pesar que estos no siempre entendían lo que Jesús les decía. Solamente entendieron luego que ocurrieron los sucesos que Él anunció.

En Marcos 13 pareciera que Jesús habla en códigos escatológicos, muy lejanos, sin embargo, su mensaje es en parábolas, no en un lenguaje de misterio o de ciencia ficción. En su entrada triunfal se comunica con multitudes que lo aclaman y con niños que lo aprecian.

También confronta. Sus parábolas y afirmaciones crearon grandes conflictos políticos. Confronta a Pedro con una mirada de amor. Multitudes gritan que lo crucifiquen. Confronta al Concilio, al Sumo Sacerdote y a Pilato con el silencio. Confronta a la muerte solo con unas pocas palabras.

Finalmente, al resucitar sorprende a sus discípulos, los motiva, los anima, los envía a todo el mundo a predicar las Buenas Noticias a todos. Así Jesús terminó de hablar con ellos, pero su mensaje continúa resonando en sus seguidores quienes seguimos contando de Jesús y de su maravilloso mensaje transformador.

Bendiciones y ¡hasta la próxima!

### 3. Lucas: Jesús es la mejor noticia

Es interesante en Lucas cómo Jesús llega a hombres y mujeres de diferentes estratos sociales, nacionalidades y credos.

Lucas es un ícono en la comunicación del Evangelio, dado que, para hacerlo, el autor realizó una investigación y luego un ensayo o redacción por escrito. Mateo y Juan eran discípulos en contacto directo con Jesús, Marcos posiblemente escribió el relato de Pedro, pero Lucas realiza lo que podríamos llamar, entrevistas, quizá juntar ideas de diferentes discípulos o gente que protagonizaron los sucesos relatados.

En mi carácter de Periodista me encanta esto que hace Lucas. Y en este libro se describe como en ningún otro la esencia del mensaje de Jesús: Las Buenas Noticias.

Lucas 4 es uno de mis textos favoritos y colocaré algunos versículos centrales:

Fue a Nazaret, donde se había criado, y un sábado entró en la sinagoga, como era su costumbre. Se levantó para hacer la lectura, y le entregaron el libro del profeta Isaías. Al desenrollarlo, encontró el lugar donde está escrito:

«El Espíritu del Señor está sobre mí, por cuanto me ha ungido para anunciar buenas nuevas a los pobres. Me ha enviado a proclamar libertad a los cautivos y dar vista a los ciegos, a poner en libertad a los oprimidos, a pregonar el año del favor del Señor».

Luego enrolló el libro, se lo devolvió al ayudante y se sentó. Todos los que estaban en la sinagoga lo miraban detenidamente, y él comenzó a hablarles: «Hoy se cumple esta Escritura en presencia de ustedes». Lc 4. 16-21.

Jesús anuncia realmente Buenas Noticias. En una sociedad como la de Israel del Nuevo Testamento realmente era algo extraordinario y fuera de serie dedicar un ministerio de liberación. El pueblo estaba oprimido por los Romanos; pero también estaba oprimido por la religiosidad popular implantada por la "claque teológica" de aquella época. Presos, pobres, ciegos (parecería algo parecido al mensaje de Laodicea en Apocalipsis).

Es interesante en Lucas cómo Jesús llega a hombres y mujeres, de diferentes estratos sociales y de diferentes nacionalidades y credos. En los caps. 7 y 8 encontramos a un Oficial Romano, una mujer pecadora y mujeres que siguen a Jesús. Jesús no tiene límites para comunicarse.

Magistralmente en los caps. 11-18 Lucas presenta las parábolas, haciendo casi una sinfonía armónica, donde una va encajando con las otras.

El capítulo 15 es una triunidad perfecta, la oveja perdida, la moneda perdida y el hijo perdido, mostrando al Padre celestial con el amor de un pastor, la pasión de un ama de casa y la ternura de un padre.

Las parábolas están llenas de muy buena comunicación: Orar, testificar, hablar con veracidad, sinceridad, humildad y transparencia; reconocer los errores; perdonar, amar, persistir; ser como niños; dar como la viuda pobre; recibir la Buena Noticia como Zaqueo.

Lucas toca detalles del juicio de Jesús, como la mirada de Jesús a Pedro, y el perdón de Jesús a quienes lo martirizaban. Finalmente relata de forma muy interesante la resurrección, y el extenso relato del encuentro y diálogo con unos discípulos, un tal Cleofás y otro (esta historia solo la cuenta Lucas), donde Jesús hace un juego de textos bíblicos y preguntas donde ambos sorprendidos entienden todo lo que realmente pasó.

Una interesante pregunta para ti. Si tuvieras que hacer una monografía o una tesis sobre Jesús hoy ¿Qué contarías?

Bendiciones y ¡hasta la próxima!

### 4. El Evangelio de Juan: Dios no está mudo

En el Evangelio escrito por Juan se nos presenta a Jesús contando cómo es Dios.

"En el principio era el Verbo, y el Verbo era con Dios, y el Verbo era Dios" (Juan 1.1). Como podemos percibir, Dios y la Palabra son uno. La comunicación es parte de la esencia de Dios. Dios es un comunicador por excelencia.

A través de Jesucristo, podemos dirigirnos a Dios. El canal de comunicación está restaurado, la pared de separación entre nosotros y Dios está destruida.

Dios no está mudo. No ha permanecido callado, encerrado en su misma eternidad. Dios se ha comunicado con nosotros. Ha querido hablarnos, contarnos de su amor, explicarnos sus planes. Jesús es la Palabra, es Dios, comunicándose con los seres humanos.

La Palabra de Dios la puede entender todo el que escucha. Pero Dios no solo ha querido hablar. Él vino a vivir entre nosotros.

En el libro de Juan, se nos presenta a Jesús contando cómo es Dios: Es Palabra, es Luz, es Agua, es Pan y Vino nuevo, es Alegría, es Amor, es Perdón, es Bueno, es Amigo, es Maestro, es la Puerta, es Pastor, es Esperanza, es el Camino, es Verdad, es Paz, es Novedad, es Aliento, es Resurrección, es Vida.

Resalta: "Mis ovejas escuchan mi voz... y me siguen". Necesitamos escuchar su voz y seguir sus pasos. No basta con oír su voz. Es necesario creer y seguir sus pasos.

Jesús dialoga con Nicodemo, con la samaritana, con grupos de personas. Se registran en Juan varios discursos de Jesús.

Afirma "Todo lo que a mi Padre le oí decir se lo he dado a conocer a ustedes" (15.12-15)

El mensaje clave que podemos oír: "Porque tanto amó Dios al mundo que dio a su Hijo unigénito, para que todo el que cree en él no se pierda, sino que tenga vida eterna. Dios no envió a su Hijo al mundo para condenar al mundo, sino para salvarlo por medio de él. El que cree en él no es condenado, pero el que no cree ya está condenado por no haber creído en el nombre del Hijo unigénito de Dios". (3. 16-18).

Juan, no podía escribir todos los hechos de Jesús, pero todo lo que se escribió es suficiente para que nosotros creamos que Jesús es el Cristo, el Hijo de Dios, y que tengamos vida en Él. (21.25)

Nuestro testimonio en la actualidad puede no ser absolutamente completo, pero si comunicamos a otros este contenido debiera ser comprensible y relevante.

En Juan, Jesús es el Salvador que comunica y cumple las esperanzas de salvación de todo ser humano que pone su confianza en él.

Bendiciones y ¡hasta la próxima!

### 5. Hechos: De Babel a Pentecostés

La comunicación en los Hechos de los Apóstoles: de Judea a lo último de la tierra.

Hechos de los Apóstoles es un libro muy comunicativo. Al igual que el evangelio de Lucas es fruto de una investigación minuciosa por el destacado médico.

Los capítulos iniciales de los Hechos contienen un conmovedor relato de la proclamación de Cristo por sus primeros seguidores, proclamación que fue a la vez espontánea, llena de fe y convincente, realizada con la fuerza del Espíritu Santo.

Inicia con las últimas palabras de Jesús antes de su regreso junto al Padre. "Pero recibirán poder cuando el Espíritu Santo descienda sobre ustedes; y serán mis testigos, y le hablarán a la gente acerca de mí en todas partes, en Jerusalén, por toda Judea, en Samaria y hasta los lugares más lejanos de la tierra".

Esta promesa se va cumpliendo capítulo a capítulo del libro. Podría el libro llamarse también "Comunicación de los Apóstoles, hasta lo más lejano de la tierra".

El inicio de esta comunicación se da en el capítulo 2 donde se invierte el fenómeno de Babel de la confusión de lenguas, a Pentecostés donde el Espíritu Santo realizó el milagro de que los discípulos pudieran hablar en por lo menos 10 idiomas diferentes, y la conversión de unas 3.000 personas.

Pedro se ve destacado con el don de la predicación presentando varios discursos muy destacados especialmente en los primeros capítulos. Así también Esteban quién es apedreado y muerto por una multitud enardecida.

Es interesante notar cómo los discípulos no pueden parar de hablar de Jesús, a pesar de las amenazas del Concilio, los latigazos, incluso la cárcel y la posibilidad de la muerte. "Nosotros tenemos que obedecer a Dios antes que a cualquier autoridad humana", siempre respondían. Lo que les motivaba era transmitir a la gente "el mensaje de vida"

El mensaje se expande primeramente en Jerusalén y Judea y a partir del capítulo 8 en Samaria. Luego se da la impresionante aparición de Jesús a Saulo (luego Pablo) y su conversión. Apenas bautizado Pablo comienza a predicar de Jesucristo y también empieza a ser perseguido. Es notable que Pablo escribiera 13 libros del Nuevo Testamento.

En el capítulo 10 empieza el cumplimiento de la promesa de la predicación del mensaje a los gentiles. La triple visión de Pedro es una triple indicación de que Dios quería que el mensaje llegue a todo el mundo, a todas las naciones, a todas las personas. Se forma la primera iglesia en el mundo gentil en Antioquía (cap. 11), y a partir del cap. 13 se presentan los viajes misioneros de Pablo.

El Concilio de Jerusalén (cap. 15), es un interesante modelo de comunicación entre personas con diferentes criterios y la dirección del Espíritu Santo para tomar decisiones de consenso.

Todo el resto del libro trata principalmente sobre los viajes de Pablo y sus compañeros. Su tremenda valentía, su interesante oratoria, adaptando su lenguaje a diferentes culturas, y a diferentes clases sociales (pueblo, religiosos, no religiosos, gobernantes).

La importancia de la comunicación en Hechos era clave para el cumplimiento de la misión dejada por Jesucristo. No había miedo, no había barreras culturales, no había prejuicios, el mensaje tenía que ser comunicado por todas partes.

Otra característica de la comunicación de los cristianos de Hechos es la cercanía con las personas; con aquellas que ya habían aceptado el mensaje y con las que estaban ansiosas de escucharlo por primera vez.

Pablo conversaba con los judíos en la sinagoga, y con los griegos en la plaza pública donde se encontraban para conversar. Allí Pablo utilizó un lenguaje que los griegos podían entender.

Proclamar a Cristo no es sólo un deber, es también un privilegio. Queda el desafío de analizar los diferentes hechos de comunicación y poder implementarlos con el poder del Espíritu Santo en nuestro contexto del siglo XXI en un mundo globalizado.

Bendiciones y ¡hasta la próxima!

## 6. Romanos: La vida sobrevive a la justicia sólo por fe

Carta a los Romanos: la justicia de Dios por la fe en Jesús es el Evangelio: Buenas Noticias.

La carta a los Romanos posiblemente es una de las mejores redacciones relacionadas a Jesús, las Buenas Noticias y la justicia por la fe. Aunque Pablo no pretende que la carta se convierta en un manual apologético, contiene muchas respuestas a preguntas que los cristianos del siglo I se hacían, y también a preguntas que nos hacemos hoy.

Si bien esta comunicación está en forma de carta, incluye saludos, aspectos relacionados a la fe y las creencias fundamentales del cristianismo, y también una serie de consejos prácticos. Veremos que la comunicación de Pablo por cartas mantiene generalmente este formato.

El tema comunicacional principal son las Buenas Noticias de Jesucristo. El texto clave: "Pues no me avergüenzo de la Buena Noticia acerca de Jesucristo, porque es poder de Dios en acción para salvar a los que creen, a los judíos primero y también a los gentiles. Esa Buena Noticia nos revela cómo Dios nos hace justos ante sus ojos, lo cual se logra del principio al fin por medio de la fe. Como dicen las Escrituras: Es por medio de la fe que el justo tiene vida" (1.16-17).

Frases clave: Predicar la Buena Noticia, Anunciar la Buena Noticia, Somos declarados justos cuando creemos en Jesús por la fe y no por guardar la ley, La Fe produce paz para con Dios, No estamos atados a la ley, No hay condenación para los que pertenecen a Cristo, Nada puede separarnos del amor de Dios, Dios nos capacita para amar, para no juzgar, para ayudar y edificar a otros.

Finalmente, Pablo da un abrazo a la distancia a sus amigos de Roma, y expresa su deseo de pronto volverlos a ver, y las últimas líneas son advertencias a quienes causan divisiones en la iglesia.

¿Dónde encontramos comunicación en todo esto? Pues lo encontramos en todo. Pablo no da una lista sistemática de lo que los Romanos deberían creer o hacer. Les escribe como amigo, hablando con ilustraciones para que ellos puedan entender.

En todo momento se relaciona con ellos no como un superior, sino como uno más entre ellos. El gran tema de Romanos es la justicia de Dios por la fe en Jesucristo, a lo que Pablo denomina Evangelio o Buenas Noticias.

Tal vez muchos hoy en día han vuelto a cometer el error de comunicar desde las iglesias una enseñanza fría y legalista. Romanos viene a mostrarnos que nadie puede "presumir" ante Dios o ante otros de "impecable".

Ni siquiera podemos jactarnos de "buenas personas". Es aquí donde radica la importancia de la Comunicación en Romanos. Todos necesitamos de ser justificados por la fe en Jesucristo, y no en algo que haya en nosotros, porque hasta lo mejor que pudiera existir en nosotros no es suficiente.

Creería que la comunicación en Romanos tiene un enfoque de sinceridad y vulnerabilidad. Cuando reconocemos que nosotros no podemos, y miramos a Jesucristo es cuando Dios nos declara justos.

De nada sirve andar dando hermosos discursos sobre nosotros mismos. Todo lo que hacemos, nuestras palabras, nuestros gestos, nuestras acciones, revelan si somos justificados por la fe en Jesucristo o si creemos que somos justificados por nuestros propios méritos.

Bendiciones y ¡hasta la próxima!

## 7. 1ª de Corintios: amor vs. ruido

En 1º Corintios 13 está uno de los poemas más bellos de la Biblia sobre el amor.

La comunicación implica, como ya lo hemos visto personas que intercambian palabras, ideas o signos mutuamente, pero existen diversos factores que pueden impedir o entorpecer la misma, como el ruido.

Pablo y los miembros de Corinto se conocían personalmente ya que él fundó la iglesia en su segundo viaje misionero. Aparentemente tenían también un intercambio de correspondencia, donde miembros de la iglesia escribían a Pablo (1.11) y donde Pablo escribía a la iglesia (1.2; 5.9; 16.22).

Si bien la iglesia de los cristianos de Corinto era relativamente nueva, Pablo muestra su preocupación por diversas cuestiones que añadían ruido al mensaje del evangelio de Jesucristo. Solo mencionaremos algunos de los ruidos:

Divisiones y pleitos en la iglesia.

Algunos que se creían demasiado "sabios y presumidos".

Inmoralidad.

Problemas matrimoniales.

Desorden en los cultos y mala comprensión de la Cena del Señor.

Mala práctica de los dones espirituales.

Si bien, se podría afirmar que, en el contexto del Nuevo Testamento, aparentemente la iglesia de Corinto era una de las más problemáticas, la estrategia de comunicación de Pablo no fue solamente recriminarles por todo este ruido, que impedía que la iglesia posea un buen testimonio hacia las demás personas.

Pablo por el contrario los saluda llamándoles "pueblo santo", "los que han sido santificados"; "hermanos", "templo del Espíritu Santo". Incluso finaliza la carta diciéndoles "Los amo a todos ustedes en Cristo Jesús".

Pablo es firme y directo al señalar los graves problemas que existían entre los miembros de iglesia. Pero antes y después de cada recriminación utiliza un lenguaje tierno, tratando de rodearlos del amor y la gracia de Jesucristo.

Es de destacar en la comunicación de Pablo el tema del amor. 1º Corintios 13 es uno de los poemas más bellos de la Biblia sobre el amor.

Aunque es utilizado entre novios y en la realización de matrimonios, este capítulo está dirigido más bien a miembros de iglesias problemáticas.

Pablo señala: No importa si me comunico con los ángeles, No importa si comunico la Biblia, no importa si comunico cosas maravillosas e increíbles, no importa si comunico demasiada dadivosidad, no importa si uno predica los más bellos sermones, incluso señala "no importa si reparto todo lo que tengo entre los pobres" y "no importa si entrego mi cuerpo para ser martirizado" ... Nada de esto importa si no hay amor.

Creería que este es el mensaje de Pablo: Amor, Amor, Amor. Como pastor fundador de la iglesia de Corinto, Pablo está muy preocupado y menciona en la carta cada cosa que le preocupa. Pero lo hace siempre con un espíritu de amor.

Y ustedes pueden leer de nuevo este libro: Pablo señala que a pesar de sus errores los ama y Jesucristo los ama. Amémonos unos a otros. Al comunicarnos seamos pacientes, bondadosos, veraces, perdonadores y estemos llenos de regocijo.

Por otro lado, indica los ruidos que dañan una comunicación: Creerse superior a los demás, creerse más espiritual que los demás, ser envidiosos, ser jactanciosos, ser orgullosos, ser egoístas, ser rudos, estar llenos de enojo y rencor.

Pablo invita en el capítulo 13 a madurar y crecer en el amor de Jesucristo. En toda la carta trata de llevar su comunicación por el principio que señala: Fe, Esperanza y Amor. Y enfatiza "Pero la mejor comunicación es el amor".

En 1º Corintios encontramos principios presentados por Pablo para la comunicación en cualquier circunstancia de crisis. Esto se puede aplicar a una iglesia, a un matrimonio, conflictos laborales o de cualquier otro tipo.

Pablo termina su carta con un llamado a la esperanza en la resurrección, la renovación, la paz y la dadivosidad. Menciona a varias personas y les manda un gran abrazo de amor en Jesucristo a cada una de las personas que escuchan o leen esta carta.

Y enfatiza: Jesucristo viene: comuniquémonos con amor.

Bendiciones y ¡hasta la próxima!

## 8. 2ª Corintios: comunicación y reconciliación

La carta es un llamado al ministerio de la reconciliación, como embajadores de Cristo.

Estamos cada comentario, en la búsqueda de los principales aspectos relacionados a la comunicación, en los libros de la Biblia. En esta primera vuelta por los 66 libros lo que estamos haciendo es un simple ensayo de 600 palabras tratando aspectos generales, y quizá en una segunda o tercera vuelta entraremos a cuestiones bien técnicas más específicas.

Recordamos que, en la primera carta a los Corintios, Pablo señaló algunos puntos bien específicos relacionados a conflictos entre las personas, y un caso bastante complicado de pecado. En la segunda carta Pablo trata de alentar a los hermanos con el mensaje de consuelo, paciencia y esperanza, invitándoles a poner en práctica esto con otras personas.

La carta es un llamado al ministerio de la reconciliación, como embajadores de Cristo.

Pablo enfatiza que iba a ser bien claro en lo que escribiría como para que todos pudieran entender. Pablo ora a Dios y anima a los Corintios a orar en todo momento. Afirma que Dios es fiel y todas sus promesas son "sí" en Jesucristo.

Anima a los cristianos a perdonarse unos a otros. Compara a la vida de los cristianos como una fragancia que se expande por todas partes, y una carta escrita con el Espíritu del Dios viviente en los corazones.

Un punto importante que resalta el apóstol es el contraste entre el pacto de Moisés y el Pacto de Cristo y anima a los lectores y oyentes a vivir una vida reflejando la gloria del Señor Jesucristo.

Compara la luz vs. las tinieblas; el engaño vs. el error; culpar vs. perdonar; la fe vs. la vista; la vida vieja vs. la nueva vida; la muerte vs. la resurrección; y una serie muy interesante de dificultades y privaciones vs. el gozo, la alegría y las riquezas de Cristo.
Una buena manera de comunicar es contrastando y Pablo lo hace de una manera muy interesante, con amor y con toda confianza.

Varias veces repite en la carta la manera cómo el Señor le dio consuelo y nuevas fuerzas en medios de las dificultades. Un tema importante en la carta es el arrepentimiento y el cambio de corazón cuando nos comunicamos con Jesucristo y dejamos actuar al Espíritu Santo en nuestro carácter.

Como resultado de esta comunicación transformadora, somos llamados a ser generosos dando mucho, de corazón y con alegría.

En la última parte de la carta Pablo busca dejar claro su verdadero llamado y advierte de mensajes de falsos apóstoles que se disfrazan como apóstoles de Cristo. Busca que los Corintos reflexionen, examinen y analicen lo que escuchan. Culmina otra vez animándolos a comunicar en la iglesia y en la vida diaria alegría, perdón, restauración, armonía, comunión y paz.

Aunque esta carta de Pablo pareciera no ser tan "teológica" como la de Romanos, sí podemos afirmar que contiene muchos elementos de comunicación aplicables a nuestras iglesias y nuestras vidas en la actualidad.

El eje medular de la carta tiene que ver con la reconciliación que es un acto de comunicación por excelencia. Para que exista reconciliación debe existir un profundo diálogo y apertura a restablecer las relaciones con actitudes diferentes de corazón.

En otras cartas profundiza más las cuestiones teológicas relacionadas al Antiguo Pacto y al Nuevo Pacto, pero en 2º Corintios lo hace con tanta sencillez que cualquier niño judío podría entenderlo.

Quizá ese velo de Moisés del que habla el apóstol en los capítulos 2 y 3 sean la clave para entender una mejor manera de comunicarnos con Dios y entre nosotros.

Cuando nos colocamos un velo frente a la cara, o digámoslo en términos más de hoy en día, cuando nos ponemos una máscara, o un maquillaje de "santidad", simplemente arruinamos toda la comunicación.

Continúen subrayando su biblia con colores en los actos comunicacionales.

Bendiciones y ¡hasta la próxima!

### 9. Gálatas: malas/buenas noticias

Como en el cristianismo actual, ciertas personas se sentían superiores por seguir tal o cual moda en la iglesia.

Pablo en Gálatas, como en todas sus cartas, dedica varios versículos de salutación y palabras llenas de amor y gracia. Rápidamente pasa al tema que le preocupa.

Aparentemente por lo que explica el apóstol Pablo, en Galicia existían un grupo de falsos apóstoles que predicaban un "Evangelio diferente".
El evangelio de Jesucristo es un mensaje lleno de gracia y perdón, con un mensaje claro del final de los rituales judíos luego de la muerte y resurrección de Cristo.

Estos falsos religiosos pretendían mezclar el mensaje de Jesucristo, con un retorno a los ritos de la ley de Moisés. El apóstol relata su propia experiencia referente a este tema y la directriz indicada por Espíritu Santo incluso a los seguidores de Jesús que vivían en Jerusalén.

Aquí me detengo un segundo, y me parece que el contraste presentado por Pablo entre el "evangelio de Cristo" y "el evangelio de los falsos apóstoles" era una cuestión de estatus.

Algunos incluso Pedro, tenían cierta vergüenza de estar con los gentiles, cuando estaban los judíos presentes, pero en otras ocasiones no era así. Por tanto, aquí el tema era el grupo de los que "se sentían superiores" al otro grupo, por "cumplir" supuestamente algunos estándares de la ley que estaban muy de moda.

Esto también se nota en el cristianismo actual, en ciertas personas que se sienten superiores porque siguen tal o cual moda en las iglesias actuales.

Gálatas es un llamado en primer lugar a indicar claramente que todos los creyentes estamos en pie de igualdad ante la cruz de Cristo, no importa cuál sea el ritual que tengamos en nuestras iglesias o en nuestras propias casas.

Somos justos, exclusivamente por la fe en Jesucristo y jamás nadie será declarado justo mediante la obediencia de la ley, y recibimos al Espíritu Santo por la fe. "Cristo nos ha rescatado de la maldición de la ley"

Más adelante Pablo presenta una explicación en base a Abraham, señalando categóricamente que él fue justificado por la fe y no por la ley. La ley, anteriormente era solamente como un cuidador que acompañaba a los niños a la escuela, pero ahora no necesitamos que la ley sea nuestro cuidador.

Un texto clave donde Pablo enfatiza el rol comunicativo de la iglesia: "Ya no hay judío ni gentil, esclavo ni libre, hombre ni mujer, porque todos somos uno en Cristo Jesús"

Sigue explicando: "Ya no somos esclavos, sino herederos". A Pablo se lo nota muy angustiado por los grupismos que se fueron formando en la iglesia de Galacia, a causa de los falsos apóstoles que querían presentar a los circuncidados como más importantes que quienes no lo eran.

La carta termina con un llamado a la libertad en Cristo, a la vida en el Espíritu, la vida en el amor, y a un evangelio libre de la ley de Moisés.

Aquí Pablo hace una de las descripciones más claras del fruto del Espíritu: "Amor, alegría, paz, paciencia, gentileza, bondad, fidelidad, humildad y control propio". ¡¡¡Qué espectacular sería si aplicamos esto a nuestra comunicación diaria"!!!, aunque hay que decirlo de nuevo, es un fruto que no podemos producirlo por nosotros mismos.

El apóstol concluye la carta animando a los creyentes, invitándole a ayudarse unos a otros, a no creerse más importante que los demás, a compartir, a no dejarse engañar, a hacer siempre el bien; buscar la paz y la misericordia.

Advierte de nuevo contra los judaizantes y a evitar a los que crean peleas tontas en la iglesia.

Sus últimas palabras son: "La gracia de nuestro Señor Jesucristo esté en sus vidas, Amén"

Bendiciones y ¡hasta la próxima!

**10. Efesios: derribando toda muralla de incomunicación**

Es un milagro que en Jesucristo se derriben paredes entre pueblos que estaban total y absolutamente enemistados.

Efesios es un tratado que combina la adoración y acción de gracias a Dios y esto lo vincula con acciones prácticas, entre personas diferentes, pueblos diferentes, culturas diferentes, iglesias diferentes, familias diferentes, matrimonios diferentes.

Damos por sentado que cada persona tiene muchas diferencias, incluso con un hermano de sangre. Más con personas tan diferentes como judíos y gentiles.

Es un milagro en Jesucristo que se derriben paredes entre pueblos que estaban total y absolutamente enemistados. Dios reunió todas las cosas que están el cielo y las que están en la tierra a través de Cristo. Ese plan de Dios es para todos hoy. Entre los hijos de Dios no debe existir barreras de raza, nación, económicas, o de ningún tipo (ver 1.3-14).

El libro va avanzando con aspectos espirituales (luz vs. oscuridad), y con cuestiones prácticas en la vida de la iglesia, compuesta con personas diferentes unas de otras.

En todo esto Pablo apunta a la unidad, la confraternidad y la paz y para esto trataremos de sistematizar:

Jesucristo alumbra nuestros corazones. Cristo está al control de nuestra comunicación si se lo permitimos (1.15-23)

No podemos jactarnos por nuestra forma elocuente de comunicar (2.1-10).

Nuestra comunicación debe ser la paz. Jesús derribó todo muro de hostilidades (2.11-17).

Somos miembros de la familia de Dios, sin distinciones (un edificio) (2.19-3.20).

Tengamos amor: humildes, amables, pacíficos, unidos (un cuerpo) (4.1-16).

Vivir en la luz: Tengamos la mente renovada en Cristo. Tengamos cuidado con nuestras actitudes. Cuidado con el enojo. No debemos ir a la cama enojados. Cuidado con la amargura, la furia, enojo, palabras ásperas, calumnias y toda clase de mala conducta. Seamos amables, de buen corazón, practiquen la gratitud, perdonando como Cristo nos perdonó. (4.17-5.20). Esto es todo un verdadero curso de comunicación, aunque también mucho tiene que ver cómo está nuestro corazón.

Donde aplicar el derrumbar los muros de comunicación: En el matrimonio, en la familia, en el trabajo (5.21-6.9)

La armadura de Dios en la comunicación: El cinturón de la Verdad, la justicia de Dios, el calzado de la Paz y la Buena Noticia, la Fe, la Salvación y la Palabra de Dios. (6.10-23)

Quizá podemos realizar aquí un breve análisis práctico, donde cada uno podría preguntarse qué tipo de palabras he usado el día de hoy.

¿Fueron palabras adecuadas? ¿Hemos sido despectivos con alguien que es diferente a nosotros? ¿Hemos pensado en el Señor Jesucristo ante una situación complicada con otras personas?

¿Qué papel tiene el Espíritu Santo referente a nuestros pensamientos y actitudes? ¿Somos conscientes de que no debemos llenarnos de autoelogios tanto en lo que hacemos, en lo que pensamos y en lo que decimos?

¿Puedo poner en práctica el tema de derrumbar muros? ¿Qué muros aún faltan derrumbar? ¿Hay muros que derrumbar en tu iglesia? ¿Qué hay del tema de no irse a dormir enojado? ¿Si nuestras actitudes y acciones tienen mucho que ver si hay luz o tinieblas en nuestras vidas, cómo estamos hoy? ¿Cómo aplicamos todo esto en nuestra familia?

No seamos duros con nosotros mismos si esta autoevaluación resultó negativa. Hay tiempo para pedir a Dios que derrumbe las murallas dentro de nosotros mismos, y podamos ser transformados día a día con el poder del Espíritu Santo.

Bendiciones y ¡hasta la próxima!

## 11. Filipenses: el gozo de la comunicación cristiana

Una contundente carta sobre la vida cristiana victoriosa.

Pablo en esta carta se comunica con mucho cariño a sus hermanos de Filipo. Él expresa su alegría por tener un grupo de personas que se enfocaban en vivir, defender y transmitir la Buena Noticias de Jesucristo.

El autor indica que Dios es el que obra, por su buena voluntad en nuestras vidas, y todo lo que pensamos, decimos y hacemos debe estar enmarcado en la pureza y en la esperanza del pronto regreso de Jesucristo (1.3-9).

Pablo está muy contento porque se entera de diversos grupos de personas que predican a Jesucristo. Señala que algunos lo hacen por ambiciones egoístas, pero en su mayoría lo hacen de corazón (1.12-19).

En el siguiente párrafo habla del gozo en Cristo en vivir o en morir. Su retórica incluye diferentes posibilidades, salud o enfermedad, pobreza o riqueza, sin dejar de vivir y transmitir las buenas noticias de Jesucristo (1.27-30).

Antes de cantar su maravilloso himno señala que, para permanecer en Cristo, debemos ser consolados y consolar a otros, con un corazón tierno y compasivo, poniéndonos de acuerdo unos con otros, amándonos unos a otros y trabajando juntos con un mismo pensamiento y un mismo propósito, con humildad y sin egoísmo (2.1-4).

En este himno maravilloso Pablo llama a la iglesia a tener la misma actitud de Jesucristo quién se humilló hasta lo máximo, haciéndose ser humano y muriendo en la cruz (2. 5-11).

El autor nos señala específicamente: Vivan sin quejarse y sin discutir (2.14). Pablo menciona a sus ayudantes comunicadores Timoteo y Epafrodito.

En el capítulo 3 y 4 desarrolla el tema del gozo de la Comunicación Cristiana.

Alégrense en el Señor... Pablo expresa todo lo que tuvo que dejar para seguir y conocer a Cristo, pero a pesar de eso su alegría era permanente. Su alegría lo impulsa a llamar a los filipenses a seguir adelante rumbo a la patria celestial (3.1-4.1).

Encontramos a unas hermanas peleadas irreconciliables, a quiénes invita que se pongan de acuerdo (4.2, 3). Evidentemente los problemas de comunicación existen hoy y ya existían en el primer siglo.

Actitudes para una comunicación saludable:

1) Alegría 2) Evitar la preocupación 3) Gratitud 4) Orar 5) Pensamientos puros 6) Pensamientos justos 7) Pensamientos bellos y admirables 8) Pensar en cosas excelentes y dignas de alabanza 9) Vivir y construir la paz 10) Estar contentos con lo que tenemos 11) Ser generosos 12) ¡Más alegría! (4.4-23).

Comuniquémonos siempre con Alegría.

Bendiciones y ¡hasta la próxima!

## 12. Colosenses: cuando la comunicación es Cristo

Pablo desarrolla una de sus más bellas descripciones sobre la persona y naturaleza divina y eterna de Jesucristo.

Colosenses es un libro escrito por Pablo instando a los miembros de la iglesia de Colosas a vivir una vida centrada en Cristo. Esto era algo para Pablo fundamental, entender quién era realmente Jesucristo, para poder transmitir en todo el estilo de vida de la Buena Noticia.

Los capítulos 1 y 2 del libro enfatizan el conocimiento de la Buena Noticia por los creyentes y la rápida difusión por todo el mundo de ese entonces conocido. Evidentemente Epafras fue el fundador de la iglesia.

Pablo les habla con un corazón lleno de fervor, sobre la importancia de profundizar su conocimiento de Jesucristo. Cualidades importantes que menciona: fortaleza, constancia, paciencia, alegría, sabiduría y comprensión espiritual.

A partir de 1.15 Pablo desarrolla una de sus más bellas descripciones sobre la persona y naturaleza divina y eterna de Jesucristo. Un versículo importante dice (1.20): "Por medio de él, Dios reconcilió consigo todas las cosas. Hizo la paz con todo lo que existe en el cielo y en la tierra por medio de la sangre de Cristo en la cruz".

Advertencia contra el legalismo

En el capítulo 2 Pablo señala la importancia de la sabiduría y el conocimiento del plan de Dios en Jesucristo. Llama a que el cristiano se arraigue en Cristo y que no se deje llevar por filosofías huecas y sin sentido.

Advierte sobre los judaizantes que querían controlar a los creyentes con ideas legalistas, controlando la vida de las personas, queriendo imponer un regreso a las normas y leyes del Antiguo Pacto.

Comunicando a Jesucristo

El llamado de Pablo a los Colosenses y también a los de Laodicea es:

- Poner la mirada en Jesucristo. Cristo es lo único importante.

- Hacer morir las cosas pecaminosas: inmoralidad sexual, la avaricia, el enojo, la furia, la malicia, la calumnia, el lenguaje sucio, la mentira y la perversidad.

- Vestirse de: tierna compasión, bondad, humildad, gentileza, paciencia, tolerancia, perdón, armonía, paz y amor.

– Oren, canten, enséñense y aconséjense unos a otros.

– Tengan buenas relaciones en la familia y en el trabajo.

– "Que sus conversaciones sean cordiales y agradables, a fin de que ustedes tengan la respuesta adecuada para cada persona" (4.6)

Final de la carta

Luego la carta pasa a aspectos de la vida de Pablo (preso) donde menciona a todos los que están apoyándolo (Tíquico, Onésimo, Justo, Marcos, Epafras, Lucas, Ninfas y Arquipo).

Insta a que la carta se lea en la iglesia de Colosas y en Laodicea.

La carta es breve y contundente. No podemos ser cristianos sin tener en mente permanente a Cristo, su vida, su ministerio y la manera cómo logró salvar a la humanidad. Esto debiera traducirse en toda la comunicación del creyente.

Más que volvernos en personas prejuiciosas e intolerantes, las Buenas Noticias nos transforman en personas que buscan tener el carácter de Cristo con el poder del Espíritu Santo.

Colosenses es una carta que vale la pena leerla y analizarla varias veces, teniendo en mente el tema de la comunicación.

Bendiciones y ¡hasta la próxima!

## 13. 1ª Tesalonicenses: comunicando con la vida

El evangelio es comunicación a través de palabras, o cartas, pero primordialmente es una comunicación de vida.

Pablo, con Silvano y Timoteo redactan esta carta a los creyentes de Tesalónica.

Es una muy breve carta por lo cual indicaremos las principales acciones de comunicación en orden numérico:

Oración comunicacional.

No siempre nos damos cuenta de que la oración es un medio de comunicación. A veces es entre una persona y Dios, a veces es toda una comunidad expresando su gratitud o algún pedido a Dios.

Sea como sea, no debemos permitir que la oración sea una mera repetición mecanizada de ciertas palabras memorizadas, lo que produce algo "como címbalo que retiñe"

Comunicando: fe, amor, constancia y esperanza.

Cuan bueno es en cualquier tipo de comunicación enfatizar aspectos positivos de las personas.

Es verdad que en algún momento puede ser necesario señalar algo negativo, pero en la carta a los de Tesalónica encontramos que Pablo rebosa de elogios desde lo más profundo de su corazón.

El centro de toda comunicación es Jesucristo.

No podríamos hablar de una carta de Pablo sin que su experiencia de su encuentro con Jesucristo esté impregnada en todo lo que dice.

Su motivación no es agradar a los seres humanos. No todo en la vida cristiana es felicidad. A veces hay persecución y tiempos difíciles; pero Pablo anima a seguir adelante centrados en la salvación que el Señor nos regaló.

Un ejemplo en todo el mundo.

Recordemos que en esta época no existían grandes canales de TV, ni siquiera radios ni periódicos como los de hoy.

Actualmente se escuchan a veces malas noticias sobre algún predicador, pero cuán bueno sería escuchar que las personas de un país digan: Sí, esa iglesia, allí van personas realmente muy buenas.

Buscamos la gloria de Dios y no la de los hombres.

En todo tipo de comunicación es importante analizar las motivaciones que uno tiene al expresar algo.

Es muy interesante el énfasis que Pablo expresa en esta carta y en otras de no tratar de "impresionar" a las personas poniéndose a uno mismo en el centro de todo.

Cuando Pablo cuenta momentos difíciles de su vida no es para "mandarse la parte" sino para mostrar cómo con la ayuda de Dios uno puede salir adelante llevando adelante el mensaje de la Cruz.

Comunicación son palabras, pero también es vida.

En la comunicación de Pablo a los hermanos de Tesalónica dedica gran parte del contenido de la carta a recordarles que el evangelio es comunicación a través de palabras, o de cartas, pero primordialmente es una comunicación de vida.

No podemos dejar el evangelio simplemente en un trozo de papel, sino que el mensaje de Jesucristo debe impregnar nuestra mente, nuestras palabras, nuestras acciones; toda nuestra vida.

Vivamos y comuniquemos conforme al corazón de Dios. Evitemos involucrarnos con el mal. Nuestro estilo de vida: Cristo – amor fraternal – paz – trabajo – honradez.

Recordemos la pronta venida de Jesús, la resurrección, el arrebatamiento y la Vida Eterna todos juntos con el Señor.

La escatología no es un tema que Pablo deja de lado. Aunque su eje temático es la esperanza, nos comunica un bello pantallazo que nos ayuda a mantener la frente levantada esperando el glorioso retorno de Jesús.

No tengamos miedo de comunicar estos eventos que hoy son necesarios tener en mente más que nunca.

Bendiciones y ¡hasta la próxima!

## 14. 2ª Tesalonicenses: paz en medio de la tormenta

Tal vez en medio de las crisis debiéramos leer el Sermón del Monte y las Bienaventuranzas antes que alarmar a la gente.

En esta sección tratamos de realizar un análisis de la comunicación entre Dios, Jesucristo, el apóstol Pablo, los colaboradores del apóstol, los líderes de las iglesias locales y los oyentes, que eran mayormente miembros en diversas circunstancias.

No conocemos las reacciones de cada uno de los lectores, pero supongamos recibir una revelación en medio de uno de los conflictos sociales que existen en Latinoamérica. Esto es una mera suposición, ya que sabemos que la revelación de Dios está completada.

Yo no estoy muy seguro sobre si el apóstol Pablo hubiese dicho algo contrario a mi opción política, o contra uno de mis candidatos. Aunque son épocas muy diferentes, encontramos que Pablo, en su comunicación señala aspectos que a algunos podría caer bien y a veces decía cosas que también podían caer mal a algunos miembros.

En 2 Tesalonicenses Pablo anima a los que están sufriendo y los anima, pero en el capítulo 2 advierte de gente alarmista que estaba trayendo mensajes alarmantes. Pablo les llama a tranquilizarse... Cada cosa tiene su tiempo, Dios tiene su tiempo, y no hace falta alarmistas. A pesar de eso, debemos entender, que vivimos en un mundo de maldad, y la maldad seguirá... y aumentará.

En medio de esto, trato de interpretar que Pablo es un líder muy sabio. No hace falta asustar a la gente. Quizá Pablo podría organizar una marcha contra los falsos apóstoles, pero no lo hizo. Simplemente trató de comunicar correctamente, de exhortar a la perseverancia y a la perseverancia en las enseñanzas del Señor Jesucristo.

Tal vez en medio de las crisis debiéramos leer el Sermón del Monte y las Bienaventuranzas antes que andar alarmando a la gente.

Las siguientes instrucciones de Pablo son:

Oren por la difusión del evangelio, oren para ser librados de personas malvadas y perversas, confíen en el Señor, amen como Dios ama.

Luego Pablo exhorta a comunicar el evangelio trabajando: No se cansen de hacer el bien. Que el Señor de paz les conceda su paz siempre y en todas las circunstancias. El Señor sea con todos ustedes.

Creería que es un mensaje especial para nosotros en medio de los conflictos en Latinoamérica hoy:

1) No alarmar a la gente, especialmente desde el público.

2) Estos conflictos son momentos de orar

3) Estos tiempos son buenos para predicar las Buenas Noticias de Jesús.

4) No dejemos de trabajar y de hacer el bien, es la mejor manera de comunicar.

5) Este es un tiempo especial para analizar con nuestras congregaciones una teología de la paz. Hay mucho que las iglesias no han escuchado sobre el tema del pacifismo y la resolución de conflictos desde la iglesia local.

6) El Señor está con nosotros en todas las crisis. No estamos solos.

Bendiciones y ¡hasta la próxima!

## 15. 1ª Timoteo: capacitar líderes que sepan comunicar

Como graduado de una facultad de periodismo, siempre pensé que a nuestro liderazgo le hace falta una materia de comunicación.

Pablo insta a Timoteo a buscar a líderes para las iglesias y capacitarlos en la sana doctrina, pero también que puedan manejar una saludable comunicación tanto en su familia, con los miembros de iglesia, como con los que no son miembros de iglesia.

En nuestro recorrido por el Nuevo Testamento y la comunicación, hemos visto a Jesús como Comunicador, a los primeros cristianos como comunicadores, y estamos actualmente en las cartas del apóstol Pablo.

Podemos notar que todas las cartas anteriores del apóstol fueron dirigidas a diferentes iglesias.

A partir de ahora, siguen cartas a personas individuales. En el caso de las cartas a Timoteo y Tito, se las conoce como cartas pastorales, o cartas dirigidas a un pastor.

En este sentido sabemos que Timoteo era más bien lo que llamaríamos un pastor itinerante, un instructor y capacitador de nuevos pastores y líderes de iglesias, y al mismo tiempo sabemos que Timoteo era un líder joven (4.12).

La carta es bastante personal, pero es como un resumen de capacitación de liderazgo en comunicación. Y usted seguramente me preguntará ¿Y por qué afirmo esto?

Bueno, sencillamente, si usted ha pasado por un seminario teológico, seguramente habrá visto mucho de introducción a la Biblia, introducción al Pentateuco, introducción al Nuevo Testamento, etc. etc., pero como graduado de una facultad de comunicación y periodismo, siempre pensé que a nuestro liderazgo le hace falta una materia de introducción a la comunicación, y no estoy hablando de la materia de castellano, ortografía, ni nada de eso.

Aquí Pablo en medio de diversas instrucciones le indica a Timoteo: Capacita a tus líderes en Comunicación.

Contextualizando, podríamos decir, que los pastores, ancianos, diáconos y a los líderes del "ministerio de comunicación", que sepan presentar una imagen correcta de la iglesia, en todas partes, en las predicaciones, en las redes sociales, en el boletín de iglesia, etc.

Pero voy un poco más allá que simplemente una "imagen" como si fueran "actores de telenovelas". Veamos algunos puntos que presenta Pablo a Timoteo:

1. Una buena comunicación se produce evitando centrarse en cuestiones secundarias o sin importancia que pueden producir controversias (1.3-7 y todo el cap. 4).

2. Hay un mensaje central que debe ser predicado: Jesucristo (1.15).

3. Es bueno en nuestra comunicación no presentarnos como "infalibles o perfectos" (1.13-17).

4. Comuniquen la gracia de Dios para todos. Incluyan en sus oraciones especialmente a las autoridades y gobernantes. Creería que Pablo está diciendo, oren al Señor y prediquen, busquen la paz en la iglesia, en la familia y en la sociedad y traten de ser pacificadores si surge algún tipo de conflicto. Jesús es el Rey de la paz (2.1-8).

5. Quizá un punto mal interpretado en muchas ocasiones es el que se refiere a las mujeres. Las mujeres pueden ser grandes comunicadoras, pero en la historia de la humanidad también se ha visto que pueden causar ruidos impresionantes en medio de una comunicación.

Pablo llama a las mujeres a comunicar con amor, sabiduría, sensatez y amor. Yo personalmente creo que en iglesias se debe dar un mayor lugar al liderazgo de la mujer, y creo que no debería existir ningún tipo de discriminación.

Sabemos que como han existido mujeres que han creado grandes conflictos en una iglesia, también han existido y existen hombres que han arruinado la imagen de la iglesia por una mala comunicación.

6. Los líderes de iglesia deben saber comunicar el mensaje de Jesucristo de forma genuina, de manera transparente, y eficientemente (cap. 3).

7. Quizá Pablo resume todo en este texto: "Que los creyentes vean en ti un ejemplo a seguir en la manera de hablar, en la conducta, y en amor, fe y pureza. ...Dedícate a la lectura pública de las Escrituras, y a enseñar y animar a los hermanos" (4.12-13).

8. Finalmente Pablo da una serie de recomendaciones de sana comunicación: entre líderes y miembros; entre personas de edad y jóvenes; entre hombres y mujeres; entre familiares.

Recomienda tratar con afecto y protección especialmente a personas vulnerables como las viudas. A las viudas también da consejos para una sabia comunicación.

Indica también a la iglesia la responsabilidad de dar afecto y sostén al liderazgo (quizá incluya más que solo el pagar un sueldo al pastor). (5.1-20)

9.- Ya terminando la carta, Pablo dirige nuevamente su atención a Timoteo. Comunícate con la gente "sin prejuicios ni favoritismos"; cuida tu salud, y de nuevo, comunícate de manera transparente porque lo que pienses, lo que digas o hagas, sea en público o en privado, siempre se sabrá (5.21-25).

Bendiciones y ¡hasta la próxima!

## 16. 2ª Timoteo: comunicando desde la soledad de la cárcel

Pablo pareciera estar despidiéndose definitivamente.

Continuando con la idea del artículo anterior, Pablo sigue escribiendo al líder joven Timoteo. Pablo en la mayoría de las cartas se identifica como Apóstol de Jesucristo.

Referente a esto, entiendo personalmente que Pablo no utiliza este título como un cargo, como un título o como una manera de imponer autoridad. Simplemente es una aseveración respaldada a quien fue enviado por Jesucristo a predicar el mensaje de salvación a los gentiles.

Hoy en día deberíamos tener cuidado al utilizar títulos de cualquier tipo. ¿Qué motivación tengo al utilizar o reclamar que todos me llamen por este u otro título?

Recordemos lo que Jesús dijo en Mateo 23: "Pero ustedes no esperen que la gente los llame maestros, porque ustedes son como hermanos, y tienen solamente un maestro. No le digan padre a nadie, porque el único padre que ustedes tienen es Dios, que está en el cielo. Tampoco esperen que la gente los trate como líderes, porque yo, el Mesías, soy su único líder".

En el primer capítulo Pablo elogia la comunicación de la abuela y la madre de Timoteo, quienes supieron transmitirle el mensaje de Jesucristo desde la niñez. (1.5)

Pablo sabía que la situación de la iglesia cristiana en el siglo I era precaria (mayormente en casas), con persecuciones, cárcel, incluso martirio.

Por eso lo anima a Timoteo a no avergonzarse de su fe, y a predicar sin ningún tipo de miedo, confiando en Jesucristo, nuestro único líder.

También Pablo presenta su realidad, y la soledad en la cárcel ya que algunos de sus ayudantes lo habían abandonado.

Pasamos a sistematizar algunas de las principales enseñanzas de este libro sobre comunicación:

1. Comunica a Jesucristo en las buenas y en las malas (cap. 1)

2. Capacita a creyentes que puedan enseñar a otros (2.2)

3. Transmite la palabra de Dios que no está encadenada (2.9)

4. Ninguna amenaza debiera atemorizarnos de predicar a Jesucristo (2.8-13)

5. Eviten discutir por cuestiones tontas (2.14-24)

6. Estamos seguros sobre Jesús, el fundamento de toda verdadera comunicación (2.19)

7. En la Palabra de Dios podemos encontrar una guía para una sabia comunicación del mensaje de Jesucristo (3.10-17)

8. Vendrán tiempos peligrosos y difíciles por una lluvia de mensajes emitidos por la maldad de muchos: engaño, egoísmo, avaricia, jactanciosos, arrogantes, blasfemos, desobedientes, ingratos, impíos, insensibles, implacables, calumniadores, libertinos, despiadados, traicioneros, impetuosos, vanidosos... etc. etc. (3.1-9)

9. Quizá el mensaje central de Pablo se encuentra aquí: "Predica la Palabra; persiste en hacerlo, sea o no sea oportuno; corrige, reprende y anima con mucha paciencia, sin dejar de enseñar. Porque llegará el tiempo en que no van a tolerar la sana doctrina, sino que, llevados de sus propios deseos, se rodearán de maestros que les digan las novelerías que quieren oír. Dejarán de escuchar la verdad y se volverán a los mitos. Tú, por el contrario, sé prudente en todas las circunstancias, soporta los sufrimientos, dedícate a la evangelización; cumple con los deberes de tu ministerio". (4.2-5)

10. Finalmente Pablo pareciera estar despidiéndose definitivamente, pero pide algunos favores a Timoteo (traer la capa y los pergaminos) dado que estaba por iniciar el invierno y envía saludos a diversas personas.

Ya lo había dicho anteriormente, Pablo está capacitando a Timoteo en el área de Comunicación de iglesia. Aquí podríamos hablar resumidamente de ítems como, predicación eficiente, resolución de conflictos, libertad de expresión, comunicación en una sociedad conflictiva y en crisis, y comunicación personal.

Vuelvo a recalcar, cada pastor y cada persona en la iglesia debería tener capacitada en Comunicación.

Y estamos tratando de demostrar que esto se puede realizar con la Biblia. Además de la Biblia hay otros materiales muy buenos sobre comunicación cristiana.

Bendiciones y ¡hasta la próxima!

## 17. Pablo y su 'telegrama' a Tito

Necesitamos comunicadores en las iglesias que digan las cosas en menos de 3 minutos.

Un libro, como diría un querido profesor, "conciso, macizo y preciso". Quizá los teólogos de Antiguo Testamento nos quisieron asombrar con lo de "profetas mayores" y "profetas menores".

Si usted leyó de manera obligatoria en el colegio o la universidad el libro "100 años de soledad" tal vez tenga la impresión de que hay escritores que pareciera que nunca terminarán de contar una historia.

Las novelas de antes también eran así... podían durar uno, dos o tres años para llegar al capítulo final.

Pero en la comunicación actual se valora mucho el ir al punto y no dar tantas vueltas. Recuerdo también que de niño había predicadores que a mí personalmente, me parecía que nunca irían a terminar su homilía.

Iban para aquí, y para allá, y parecía que iba a terminar cuando de nuevo tomaban entusiasmo para una segunda o tercera vuelta a la pista para nunca llegar a la meta final.

Pablo toca ya aspectos tratados en otras cartas y no sabemos si tenía escasez de tinta, pero lo hizo muy bien en esta oportunidad, al estilo telegrama (comparada con cartas anteriores).

Yo valoro mucho la brevedad y a veces debo escribir, borrar, escribir, borrar, hasta que todo llegue a 600 palabras. Si me paso de eso, sé que la gente no lo leerá.

La carta de Pablo a Tito tiene menos de 1000 palabras. Perfecto Pablo, lo hiciste muy bien.

Hay indicaciones bien claras para los pastores o ancianos. Me llama mucho la atención eso de "taparles la boca" (1.10) a algunas personas charlatanas, y va directo cuando dice: "Para los puros todo es puro, pero para los corruptos e incrédulos no hay nada puro. Al contrario, tienen corrompidas la mente y la conciencia" (1.15)

Luego resumidamente da instrucciones a las ancianas, a los jóvenes, y a los empleados (cap. 2) y finalizando el capítulo presenta un bien resumido "plan de salvación" (2.11-14)

En el capítulo 3 presenta brevemente un tratado de ética ciudadana (v. 1-3) y de ética cristiana, combinada con justificación por la fe (v. 3-8) y una advertencia a quienes disfrutan de debatir largamente cosas sin sentido (v. 9-11).

Su despedida es brevísima (v. 12-15).

¿Qué nos quiso enseñar Pablo en esta carta? Bueno, desde el punto de la comunicación, uno a veces puede extenderse mucho en las ideas y palabras; pero hoy también necesitamos de comunicadores en las iglesias que digan las cosas en menos de 3 minutos.

Bendiciones y ¡hasta la próxima!

## 18. Filemón: Siendo agentes de reconciliación

Una carta de Pablo a su amigo Filemón.

Es esta una breve carta a Filemón, un miembro aparentemente acaudalado y posiblemente líder de la iglesia de Colosas. El tema principal de la carta podríamos resumirlo en dos palabras: paz y reconciliación.

Quizás actualmente podemos escuchar de problemas laborales, de empleados infieles. Hemos visto a un joven que robó equipos informáticos de su trabajo y lo atraparon vendiendo los mismos en las redes sociales.

No sabemos qué exactamente ocurrió con Onésimo, que en tiempos de Pablo era esclavo de Filemón. Durante su estadía en el trabajo conoció el cristianismo, pero tomó seguramente tras alguna discusión, la decisión de escapar.

En su huida llegó a donde Pablo estaba preso. No sabemos si aceptó a Jesucristo en conversaciones con Pablo o si ya lo había hecho antes en la iglesia de Colosas.

Sea como sea, las leyes del imperio eran muy severas para los esclavos que escapaban.

Pablo hace de mediador, y con amor suplica a Filemón que acepte a Onésimo ya como un esclavo, sino como a un hermano en Cristo.

La breve carta muestra el sentimiento fraternal de Pablo a ambos, a Filemón y a Onésimo. Pablo era un agente de reconciliación y esta historia podría repetirse si tuviéramos consideración con aquellas personas que nos defraudaron de alguna manera.

No siempre es fácil perdonar y reiniciar una relación con alguien con quien tuvimos un conflicto, ya sea en el trabajo, en la familia o en la iglesia.

No se nos relata qué ocurrió después.

¿Cómo fue el reencuentro entre Filemón y Onésimo? ¿Cómo fue la relación luego? ¿Fue un esclavo o se convirtió en un hermano?

¿Deberíamos nosotros buscar la reconciliación con un empleado infiel? ¿Le daríamos una segunda oportunidad?

Quizá deberíamos elaborar en algún momento un material sobre la ética comunicacional dentro de una organización.

Pero ahora no tenemos tiempo para eso. Deberíamos leer dos o tres veces esta breve carta y pensar de qué manera actuamos ya sea como empleadores o como empleados en situaciones de crisis.

Bendiciones y ¡hasta la próxima!

## 19. Hebreos: Jesús es la comunicación del cielo con la tierra

Nada podemos hacer para comunicarnos con Dios: sólo Jesús superó cualquier intento anterior o posterior a la cruz.

Los primeros versículos de la carta a los Hebreos nos hablan que Dios habló en tiempos pasados a través de los profetas pero en los días finales nos habló a través de su Hijo Jesucristo.

El esquema del libro es sencillo, pero muestra de manera contundente que no hay mejor comunicación entre el cielo y la tierra que Jesucristo.

Presentamos las ideas relacionadas a la comunicación:

- Jesús encarnado es la mejor comunicación entre Dios y la humanidad. (1.1-14)
- Jesús es la mejor que Abraham. (2.1-18)
- Jesús comunica a Dios mejor que Moisés. (3.1-19)
- Jesús comunica verdadero reposo. (4.1-16)
- Jesús es el gran Sumo Sacerdote que comunica verdadero perdón (5.1-14)
- Jesús nos da plena libertad para comunicarnos con Dios (6.1-20)
- Jesús es el comunicador del Nuevo Pacto (cap. 7-10)
- La fe en Jesús nos permite ser verdaderos comunicadores del amor de Dios (cap. 11-13).

Quizá este bosquejo es bastante abreviado, pero queremos resaltar las principales ideas que tratan sobre la comunicación.

La carta a los Hebreos está dirigida a personas que conocían todo el sistema ritual de Israel. Así como es una carta evangelística, podemos encontrar que es un manual que relaciona todos los aspectos del Antiguo Pacto con Jesucristo y el Nuevo Pacto. Sin saber quién realmente escribió esta carta, podemos asegurar que fue una persona plenamente conocedora de las prácticas religiosas judías.

Quizá esta carta tenía el propósito no solo de relacionar el Antiguo Pacto con el Nuevo, sino mostrar de manera clara las ventajas del Camino Nuevo abierto por Jesús: "Así que, hermanos, mediante la sangre de Jesús, tenemos plena libertad para entrar al Lugar Santísimo, por el camino nuevo que él nos ha abierto a través de la cortina, es decir, a través de su cuerpo, y tenemos además un gran sacerdote al frente de la familia de Dios" (10.19-21).

En mi caso personal, encuentro en el libro de Hebreos el eco del escritor que llega a nuestros días para advertirnos que no hay nada que podamos hacer para tratar de comunicarnos con Dios, ya que Jesús superó cualquier intento anterior o posterior a la cruz, superó cualquier fórmula, o podríamos decir hoy también superó a cualquier tipo de tecnología.

La carta nos invita a mirar los infructuosos intentos que la humanidad había tenido para acercarse a Dios, y nos presenta una perspectiva trascendental: "Nos ha hablado por medio de Jesucristo" (1.2); "debemos prestar atención a lo que hemos oído" (2.1);

Jesús exclama a Dios: "Proclamaré tu nombre a mis hermanos; en medio de la congregación te alabaré" (2.12); "Si ustedes oyen hoy su voz, no endurezcan el corazón" (3.7; 4.7); "Anímense unos a otros" (3.12); "La palabra de Dios es viva y eficaz" (4.12); "Tenemos mucho que decir, aunque es difícil de explicarlo" (5.11); etc.

Ustedes pueden continuar leyendo y subrayando los textos del libro de Hebreos que tienen que ver con la comunicación. Un gran desafío podría ser leer la Biblia en un año, o el Nuevo Testamento, subrayando los textos relacionados a la comunicación, tanto entre personas como entre Dios y los seres humanos.

Cualquier persona, tenga el rango espiritual que tenga o haya adquirido en un papel, no tiene el derecho de privarnos de la libertad de comunicarnos directamente con Dios, a través de Jesucristo.

Creo que en la Biblia hay algunas cosas difíciles de entender (5.11-14), una cosa es bien clara en este libro: Con el camino nuevo que abrió Jesús, tenemos plena libertad para ingresar al Lugar Santísimo, al trono de la gracia, al cielo mismo, en la presencia de Dios (4.14-16; 6.19-29; 7.18; 9.12; 10.12-23; 12.18-24; 13.15)

Puedo decir que a mí personalmente, Hebreos es un libro que ha engrandecido grandemente mi vida, alejándome del legalismo en que yo viví mucho tiempo y acercándome a mi verdadero Sumo sacerdote, Jesucristo quién entró directamente al Lugar Santísimo al ascender luego de su resurrección, en el siglo I. Ninguno se deje engañar diciendo que ha entrado allí en 1844. Eso es una tontería.

Desde ya, solo me queda agradecer a Dios, y a Evangélico Digital por darnos este espacio.

Bendiciones y ¡hasta la próxima!

### 20. Santiago: consejos muy actuales para la buena comunicación

Como dice en su carta, en lenguaje de hoy, un breve Twitt puede desencadenar guerras entre países y entre hermanos.

Este tiempo es muy oportuno para que cada uno realicemos una autoevaluación sobre nuestra comunicación en el tiempo pasado y también es un tiempo para planificar de qué manera nos comunicaremos.

Por supuesto, como ya hemos visto, solo podemos comunicarnos correctamente con Dios y con otras personas únicamente a través de la gracia. Somos privilegiados en este mundo con uno de los mayores dones que nos dio el Señor, el de poder comunicarnos tanto en nuestra interacción con otras personas (dado que ningún animal ni cosa puede comunicarse con sus pares de la manera que la hacemos nosotros).

Si bien la carta de Santiago (o Jaime) habla de diversos temas, uno destacado es la comunicación. Sabemos que incluso Martín Lutero cuestionó algunos puntos de esta carta, creo entender que no es por obras que logramos una correcta comunicación. Es por gracia.

En el capítulo 1 encontramos los siguientes aspectos:

- Sabiduría para comunicarnos (1.5)
- No hablemos o escribamos como las olas llevadas por el viento (1.6-8)
- Al comunicar no seamos orgullosos o presumidos (1.9-11)
- Las malas comunicaciones surgen del corazón humano (1.9-15)
- Listos para escuchar, lentos para hablar y para enojarse (1.19)
- No nos comuniquemos solo con religiosidad de palabras (1.20-27)
- No practiquemos el favoritismo (una mala manera de comunicar) (2.1-13)
- Lo que decimos debe concordar con lo que hacemos (2.14-26)

Quiero parar un momento en el muy interesante capítulo 3. "Hay que domar la lengua". Este es un texto fundamental, entre todo lo que venimos diciendo en PyTheos.

Debemos poner un freno a nuestra lengua. Santiago nos pone ilustraciones muy interesantes:

- El freno en la boca del caballo (3.3)
- El pequeño timón de los barcos (3.4)
- Una pequeña chispa puede iniciar tremendos incendios (3.5-6)

Esto es para todos. La lengua, un pequeño miembro del cuerpo puede decir cosas que resultan en una catástrofe.

Esto podríamos decir hoy, un breve Twitt puede desencadenar guerras entre países, pero también entre hermanos. Tengamos coherencia, si decimos ser cristianos, no andemos diciendo cosas o escribiendo sin pensar, dominados por nuestros impulsos del momento.

Sigue el apóstol hablando del tema: hablar con sabiduría, hablar con humildad, sin envidia ni amargura, sin rivalidad, sin presunción, sin maldad.

Y por, sobre todo, hablar siempre la verdad.

Algunos principios para una sabia comunicación: comunicación pura, pacífica, bondadosa, dócil, llena de compasión, imparcial y sincera. "En fin, el fruto de la justicia se siembra en paz para los que hacen la paz" (3.17-18)

En el capítulo 4 Santiago vuelve a repasar puntos antes ya señalados, enfatizando el tema de analizar de dónde vienen los conflictos y las guerras. Creería que su énfasis aquí es que una mala comunicación casi siempre, o siempre surge de apartarnos de Dios, de un equivocado entendimiento de la gracia, juzgando al prójimo, y tratando de justificarnos a nosotros mismos.

El libro termina en el capítulo 5 con advertencias. No utilicemos nuestra comunicación para oprimir a otras personas. Muchos religiosos viven una vida de lujo y placer desenfrenado oprimiendo a otros. ¡Que esto nunca ocurra en nuestras iglesias!

Finalmente, se nos anima a tener paciencia y a perseverar en la fe. Oremos, cantemos, perdonemos. Si alguien nos atacó con sus palabras, es tiempo de perdonar y reconciliarnos. "Hermanos míos, si alguno de ustedes se extravía de la verdad, y otro lo hace volver a ella, recuerden que quién hace volver a un pecador de su extravío, lo salvará de la muerte y cubrirá muchísimos pecados" (5.19-21)

Bendiciones y ¡hasta la próxima!

## 21. 1ª Pedro: llamados a anunciar

Anunciar la razón de nuestra fe, a Aquel que nos sacó de las tinieblas, el lenguaje de Jesús...

Cuando abrimos por primera vez la Carta de Pedro, se nos viene a la mente aquel discípulo que era uno de los primeros en hablar. Pedro siempre tomaba decisiones temerarias como ir rumbo a Jesús caminando sobre el agua en medio de una tormenta.

Para el momento en que Pedro escribe esta carta los convertidos de las primeras iglesias ya tuvieron grandes persecuciones. Pedro hace un llamado a tener una vida en unión con el Señor, testificando del evangelio con la vida toda y especialmente con las palabras.

Capítulo 1: ¿Cuánto valor tiene nuestra comunicación?
En el primer capítulo se nos habla de la esperanza viva que tenemos al nacer de nuevo, conociendo nuestra herencia. También nos habla del amor y el gozo que tenemos los que confiamos en el Señor.

La hierba se seca y la flor se cae, pero la palabra del Señor permanece para siempre (1.24) y recibimos las buenas noticias de Jesucristo, el evangelio (1.25). Quizá aquí Pedro pone el énfasis en que debiéramos hablar más de Cristo y menos de nosotros.

En el primer capítulo se compara la vida del creyente con el oro refinado (1.6-7), y más adelante señala que la sangre de Jesucristo más valiosa que el oro (1.18-19). Aquí podemos preguntarnos: ¿cuándo hablamos, a qué cosas damos más valor?

Capítulo 2: comunicando como hijos del Rey

En el capítulo 2 Pedro presenta varios aspectos relacionados a la comunicación. Al mismo inicio se nos habla de abandonar la maldad, el engaño, hipocresía, envidias, y calumnias.

Luego Pedro usa la metáfora de Jesucristo como Piedra: Piedra Viva, Piedra escogida, Piedra preciosa, Piedra angular (2.4-8). Referente a los creyentes él nos llama: "linaje escogido, real sacerdocio, nación santa, pueblo que pertenece a Dios" pero esta descripción va acompañada del llamado a "anunciar o proclamar las obras maravillosas de Aquel que nos llamó de las tinieblas a su luz admirable" (2.9)

A partir de 2.10 Pedro desarrolla una" teología del pueblo de Dios" y sus implicancias en nuestras vidas y en nuestra comunicación.

El autor señala la misericordia de Dios, por tanto, debemos comunicar misericordia (2.10); Vivimos como peregrinos y extranjeros (2.11). Quizá esto debiera reflejarse en nuestra comunicación; estamos aquí, pero no somos de aquí; vivimos aquí pero no amontonamos cosas como si viviéramos eternamente aquí.

También debemos considerar que Pedro no nos llama a ser "un pequeño pueblo muy feliz" ni a tener un lenguaje inentendible para el resto de la gente. Ya veremos esto un poco más adelante.

Pedro habla de practicar el bien, el servicio, el respeto, la responsabilidad e incluso debemos aceptar si nos toca pasar por sufrimientos (2.13-25)

Capítulo 3: comunicando la razón de nuestra fe

En el capítulo 3 se nos llama a ser coherentes en nuestras palabras: Amor, Integridad y respeto, teniendo un espíritu suave y apacible, con actitudes de respeto, compartiendo penas y alegrías, compasivos y humildes; todo esto dentro de casa como fuera de casa; dentro de la iglesia y fuera de la iglesia (templo).

El que quiere una vida feliz "que refrene su lengua de hablar el mal y de proferir engaños" 3.10. Este versículo nos hace un llamado a ser y a hacer pacificadores. En este mundo de conflictos Dios te llama a ser un pacificador.

Algo importante es no olvidar el texto 3.15. Antes casi cada creyente lo sabía de memoria: "Estemos preparados para responder a todo el que nos pida razón de nuestra esperanza"

Hay una breve descripción de la comunicación de Jesús con sus perseguidores: "Cuando proferían insultos contra él, no replicaba con insultos; cuando padecía, no amenazaba, sino que se entregaba a aquel que juzga con justicia" (3.23)

Y en los versículos 24 y 25 hay una bella metáfora de ovejas perdidas que encuentran a su Pastor que nos recuerdan al Salmo 23 y a la parábola de la oveja perdida.

Capítulos 4 y 5: comunicándonos con el lenguaje de Jesucristo.

Finalizando su primera carta Pedro nos llama a vivir siguiendo el ejemplo de Cristo: Sirviendo como Cristo, Amando como Cristo, Conversando como Cristo, Siendo veraces como Cristo, Teniendo alegría frente a las pruebas como Cristo, Teniendo dominio propio como Cristo, Llenos de gracia y firmes en la fe como Cristo.

Bendiciones y ¡hasta la próxima!

## 22. La escalera de 2ª Pedro para la buena comunicación

En esta carta se nos hace un nuevo llamado a conocer más al Señor y crecer a través de una serie de peldaños esenciales para una buena comunicación.

Pedro lo sabía muy bien. Luego de haber negado tres veces al Señor Jesús, tuvo que pasar por un proceso, un encuentro con el Señor resucitado, y luego rápidamente con el poder del Espíritu Santo, llevó a Cristo a 3.000 personas.

Pero Pedro debía seguir creciendo. Evidentemente tuvo algunos problemas de comunicación durante el resto de su ministerio, y Pablo se los señaló sin pestañear.

Los peldaños de la comunicación

Al momento de escribir esta carta, nos hace un nuevo llamado a conocer más y más al Señor y a crecer a través de una serie de peldaños muy importantes para una buena comunicación (1.3-11).

Esta escalera inicia por la fe (confianza), virtud (una ética de vida), conocimiento (tener seguridad de lo que estamos diciendo es correcto y cuáles son las fuentes), dominio propio (esto tiene que ver con el tono cómo decimos las cosas... y también con a veces saber callarnos), perseverancia (quizá esto se trata de explicar de varias maneras hasta que nuestro oyente nos comprenda), devoción a Dios (en toda comunicación debemos depender de su sabiduría y su voluntad), afecto fraternal (para una buena comunicación debemos querer y respetar a la otra persona), y finalmente amor (ya habíamos visto que si no hay amor, se produce mucho ruido en la comunicación).

Podríamos decir que Pedro nos ha dado una cátedra de buena comunicación. Pero la carta sigue. Pedro nos llama a vivir una vida aferrada al Señor Jesús y prestando atención a las Sagradas Escrituras.

Cuidado al comunicarnos con falsos maestros.

El capítulo 2 nos advierte sobre los falsos maestros, orgullosos, arrogantes, burladores, engañadores, avaros, corruptos, injustos.

Es interesante que en 2. 15 y16 se compara a los falsos maestros con Balaán quién fue reprendido por una burra. Esta ilustración es tremenda, a veces Dios tiene que usar otras cosas para comunicarse con la gente terca. Una burra, o tal vez como también dijo Jesús, si estos callan las piedras hablarán (Lc 19.40).

Finalizando el cap. 2 Pedro usa dos proverbios bastante asquerosos, pero bueno, Pedro siempre se caracterizó por decir algunas cosas de manera bien directa. No estoy seguro de decir si esto está permitido en nuestros púlpitos latinoamericanos, pero bueno, debemos siempre consultar al Señor si tenemos libertad para utilizar este tipo de expresiones.

Cuidemos nuestra comunicación en el tiempo del fin

El capítulo 3 Pedro se enfoca en los tiempos finales, donde abundan los burladores de la fe, y utiliza varias ilustraciones:

La creación del mundo (3.5)
El diluvio vs. el fuego (3.6-7)
Un día y mil años (3.8-18)

Trataré de explicar mi punto de vista sobre estos versículos y la comunicación. Quizá todo esto es una advertencia sobre tratar de evitar a los burladores y tener paciencia. Cuando estamos con alguien que se está burlando de Dios, allí debemos retirarnos porque una conversación sobre ese tema no tiene mucho sentido.

Otro punto, cuando vemos tanta gente hablando tonterías, oremos por ellos. El Señor no está viniendo aún porque tiene paciencia, su paciencia es muy amplia, y debemos perseverar.

Así como hay muchos que siguen a los falsos maestros, muchos estarán esperando al Señor. No tenemos idea de cuánta gente está esperando nuevos cielos y nueva tierra, pero yo creería que serán muchos, como la arena del mar.

Pedro también nos alienta a vivir una vida pacifica, pura e intachable, creciendo en la gracia y el conocimiento de nuestro Señor. (3.13-18). Todo esto es una invitación a cultivar la paz en nuestra comunicación, y al mismo tiempo en todos los actos de nuestra vida.

Bendiciones y ¡hasta la próxima!

## 23. 1ª Juan: hilo directo con Jesús y su luz

Debemos experimentar de primera mano la comunicación directa con el Señor. Los grandes temas de esta carta son: ver, caminar, permanecer y vivir en la Luz.

Juan era aquel discípulo que siempre estaba cerca de Jesús. Se lo conoce como el discípulo amado. Y en esta carta nos habla sobre su experiencia de comunicación con Jesús:

Lo he oído.
Lo he visto con mis propios ojos.
Lo he contemplado.
Lo he tocado con mis manos.

Les anunciamos lo que hemos visto y oído, para que tengamos comunión, para que experimentemos lo mismo, para que tengamos comunicación con el Padre y con su Hijo Jesucristo. (1.1-4).

Experimentar al Señor de primera mano (1.1-14)

El mensaje de Juan es que debemos experimentar de primera mano una comunicación directa con el Señor, y allí seremos capaces de comunicarnos satisfactoriamente con los demás seres humanos.

Los grandes temas de la carta son: Ver la Luz (Jesucristo); Caminar en la Luz; Permanecer en la Luz; y Vivir en la Luz.

Aun estando en las primeras semanas del año, esta experiencia de Juan puede ayudarnos a andar por buen camino.

Andar en comunión con Jesucristo y con los hermanos implica una comunicación fluida y entusiasta. Creería que el mensaje nos impulsa y motiva a poder experimentar a cada momento una relación, una relación en la cual podamos tener plena confianza de los propósitos de Dios en cada aspecto de nuestra vida.

Comunicarnos con Jesús es vivir en la luz, y eso nos lleva a vivir en comunión unos con otros (1.5-7).

Esta relación con el Señor nos permite admitir nuestras faltas, nuestras debilidades, nuestras equivocaciones, nuestros pecados; y él es fiel en respondernos con su amor y perdón (1.8-2.2).

Conocer a Dios implica actuar conforme a su voluntad: Amar la Palabra de Dios, obedecerlo y vivir conforme a su propósito (2.3-2.6). Su propósito es que vivamos y nos comuniquemos unos con otros con amor (2.7-14).

¡Mucho cuidado al comunicarnos con los que se oponen a Cristo! (2.15-27). Un aspecto importante es cuidar qué tipo de relación tenemos con aquellos que se oponen a Cristo.

Quizás en este aspecto que debemos aclarar de mejor manera. No se está hablando en el texto de vivir como ermitaños alejados de todo el mundo. Jesús mismo oró para que no seamos quitados del mundo, pero que seamos librados del mal. Sería imposible vivir aislados de todo lo que pasa del mundo, pero debemos discernir la manera cómo nos comunicamos con personas que ignoran a Jesucristo, o que se oponen abiertamente a él.

Permanecer, amar, vivir y morir centrados en Jesús (2.28-5.21).

El resto del libro tiene que ver con aspectos prácticos sobre cómo mantenernos comunicados de forma permanente con el Señor, y vivir una vida de amor y comunión con los hermanos. Podemos confiar en Dios ya que somos sus hijos (3.1-10).

Al amar a Jesús estaremos dispuestos hasta dar nuestras vidas por nuestros hermanos (3.11-24. Referente a este tema, es muy interesante estudiar la vida de los mártires que dieron su vida por su fe.

Generalmente ellos formaban parte de una comunidad de creyentes, y no se puede separar su amor a Jesús del amor a sus hermanos. Muchos fueron comidos por leones, otros quemados o ahogados. Es muy interesante ver cómo estas personas testificaban como mártires animando a sus hermanos. Incluso su sangre se llegó a comparar como semillas donde miles aceptaban al Señor por la fe de estas personas.

Seguimos con otros aspectos de la carta de Juan: El cap. 4 nos habla de saber discernir las diferentes voces que llegan a nosotros. El amor de Dios transforma nuestras vidas. El amor de Dios nos lleva a amar a nuestros hermanos.

El cap. 5 es como una síntesis de la carta, repasando aspectos anteriores, enfatizando que el resultado de nuestra comunión con Jesucristo es la Vida Eterna (5.11-21).

Creo que Juan nos señala la gran importancia de permanecer comunicados con Dios y su Palabra. Esto no solo es hacer la lectura de la Biblia en un año, sino reflejar nuestra comunión con Dios en todo momento, en todo lugar, en cada instante de nuestra vida.

Bendiciones y ¡hasta la próxima!

## 24. 2ª Juan: la sabia carta de un anciano

Es el libro más corto de la Biblia con solo 13 versículos.

Esta carta de Juan inicia su encabezado con la frase "El anciano".

Varios comentaristas señalan la posibilidad de que Juan haya sido el único discípulo que llegó a una edad tan avanzada, para finalidad del siglo I.

También hay una leyenda que dice que a Juan lo tiraron a una olla de aceite hirviendo y salió completamente sano, sin ninguna quemadura y por eso lo enviaron como prisionero a Patmos.

También observamos que este es el libro más corto de la Biblia con solo 13 versículos.

Juan escribe a una iglesia del Asia Menor (v.1) y manda saludos de otra iglesia (v.13). Por lo tanto, aún no estaba en Patmos al escribir la carta.

El contenido es muy similar a la 1ª carta de Juan y también a 3ª de Juan.

Principales aspectos

Debemos conocer, permanecer y practicar siempre la verdad. Esto podría referirse a las enseñanzas de Jesucristo, como también a la de los otros apóstoles. (vs. 1-2)

La verdad fundamental tiene que ver con la misericordia, la paz y el amor que provienen de Dios (v.3).

Practicar la verdad tiene que ver con las relaciones interpersonales y el amor al prójimo (vs. 4-6).

Existen engañadores que intentan sacar del centro a Jesucristo (anticristos) (v.7)

Cuidemos nuestro fruto del trabajo por predicar el evangelio, cuidemos de no descarriarnos, cuidemos de no abandonar las enseñanzas de Cristo (v.8-9).

No reciban a quién viene a enseñar "otro evangelio" que no sea el de Cristo (v.10-11).

Finalmente, Juan dice que tiene muchas cosas para escribir, pero que le gustaría hacerlo personalmente (v.12-13).

Lecciones de comunicación

Evidentemente en esta breve comunicación Juan apunta a lo que considera más importante. Mantenerse en las enseñanzas de Jesucristo, el amor, y en el cuidado de la verdad.

No quiero utilizar el término "la sana doctrina" ya que últimamente he escuchado esta frase repetida una y otra vez por religiosos que pretenden que sus enseñanzas favoritas corresponden a esto.

No señores... la sana doctrina no es un cliché intimidatorio. Juan simplemente con amor explica que la sana doctrina es la enseñanza que Jesús enseñó. No es teología sistemática, aunque hay teologías sistemáticas muy centradas en Cristo.

Por otro lado, aparentemente hay una dicotomía entre los que enseñan mencionando a Cristo, pero no tienen amor a los hermanos. Es bien claro para Juan, una comunicación enfocada en Jesús, siempre resulta en amor y no en vanas palabrerías.

Es importante para Juan decir las cosas personalmente, y por eso para de escribir, y dice que espera pronto visitarlos.

Por eso, yo corto aquí mi comentario, y la semana que viene seguimos con 3º de Juan.

Bendiciones y ¡hasta la próxima!

## 25. 3ª Juan: la hospitalidad de Gayo y Diótrefes

Juan hace un énfasis muy fuerte en la hospitalidad como marca característica de los que conocen a Dios.

La hospitalidad es importante para Dios y de esto se trata la carta. Está claro en toda la breve carta que ser hospitalario es un acto de comunicación muy relacionado con el amor, la comunión, la amabilidad y la confianza.

No sabemos quién es Gayo. Aparece este nombre en otras partes de la Biblia pero de este Gayo no sabemos más que su nombre, y que era un fiel discípulo de Juan.

Notamos que Juan escribe con mucho afecto: "el hermano Gayo a quién amo en la verdad" (v.1)

Aunque Juan no es "un apóstol de la teología de la prosperidad", ora para que le vaya bien en todos sus asuntos" (familia, trabajo, ministerio, salud, vida espiritual, etc.) (v.2)

Cuán importante es orar por personas específicas y pedir cosas específicas. Y aun cuando no tengamos a las personas por la que estamos orando, es bueno hacerle una llamada o escribirle un email señalando que estamos orando por ellos.

Pueden ser pastores que están en otra ciudad, hermanos que migraron, especialmente amigos o misioneros que están evangelizando en lugares lejanos. También es bueno expresar nuestra alegría cuando están sirviendo fielmente un ministerio que el Señor les encomendó. (vv. 3-4)

A partir de aquí Juan presenta su preocupación. Un equipo misionero) o también podría ser un grupo de cristianos migrantes) no fueron bienvenidos por un tal Diótrefes, líder en la iglesia que no quiso recibir a estos hermanos, teniendo un comportamiento chabacano (grosero) con palabras mal intencionadas

Y no solo esto, sino que no dejaba a los miembros de la iglesia recibir a este grupo, y si lo hacían los expulsaba (vv.5-10)

Pablo estimula a Gayo no solo a ser hospedador, sino a tener amor a estas personas desconocidas para ellos, a poner en práctica el hacer el bien, así como Dios es bueno y bondadoso (vv. 5, 11).

Finalizando Juan habla bien de Demetrio, un hombre de buen testimonio (v.12).

Termina Juan la brevísima carta con saludos de parte de él y de los amigos que están con Juan. Envía saludos "a cada uno de los hermanos en particular". (vv.13-15).

¿Qué aprendemos de todo esto?

En primer lugar, ya lo habíamos dicho, orar y bendecir a personas que estuvieron con nosotros pero que por diversas circunstancias están en otra iglesia, otra ciudad u otro continente. Hoy en día en unos pocos segundos podemos enviar un email.

En segundo lugar, cuidemos de no ser "Diótrefes", personas cascarrabias y maleducadas a quienes no les gustan la gente desconocida. Es verdad que actualmente no es seguro recibir a cualquier persona, pero pidamos al Señor sabiduría para ayudar en lo que podemos.

Sabemos que es un tema muy complejo el de los migrantes que atraviesan varios países para llegar a "la tierra que fluye leche y miel".

Muchas iglesias proveen hospedaje, alimento, baños para estos grupos. "No se olviden de practicar la hospitalidad, pues gracias a ella algunos, sin saberlo, hospedaron ángeles". Hebreos 13.2

También sabemos de líderes de iglesias que se oponen rotundamente a recibir a migrantes indocumentados "ilegales" y muchos apoyan construir muros y cercas electrificadas.

No sabría qué recomendar, pero Juan hace un énfasis muy fuerte en la hospitalidad como marca característica de los que conocen a Dios, de los que dan buen testimonio de Dios, de los que practican la verdad.

¡Que todos seamos bendecidos en todos nuestros asuntos, que tengamos buena salud y que crezcamos espiritualmente! Bendiciones y ¡hasta la próxima!

## 26. 'El otro Judas', sin dobleces

Su carta enfatiza la veracidad de lo que digamos, sin cambiar la versión según nuestra conveniencia.

Judas es un libro corto, pero se han formado muchas interpretaciones de algunos extraños sucesos señalados por el autor.

En mi caso prefiero que teólogos más expertos en el griego y el hebreo hablen antes que yo sobre esos sucesos raros.

Pero yendo a la comunicación la carta tiene algunos puntos muy importantes:

1) Analizar los puntos en común que tenemos con otros hermanos en la fe (v.3) ¡Muy importante!

2) Cuidar de no caer en mano de los engañadores (v. 4 al 16)

Quizá aquí hay que enfatizar los rasgos comunicacionales de los engañadores: NVI dice, "son refunfuñones y criticones; hablan apasionados con arrogancia y adulan a los demás para sacar ventaja" (v. 16) (o sea, que se muestra de una u otra manera "según su conveniencia".)

En comunicación debemos enfatizar la veracidad de todo lo que decimos, y no estar cambiando y cambiando nuestras versiones de las cosas según nuestra conveniencia.

Aquí se enfatiza el tema de una Comunicación con Integridad. No podemos estar cambiando nuestras posturas solo porque creo que esto o aquello conviene. Quizá todo el juicio que va relatando Judas, es simplemente para recordar a los cristianos cosas del Antiguo Testamento muy notorias, de ambivalencia comunicacional.

3) Exhortación a la perseverancia (vv. 17-25). Aquí se habla de avanzar, pero también de tener misericordia y compasión con los que dudan (quizás sean quienes Pablo llama "hermanos débiles".)

A la vez que es difícil mantenerse íntegro, también hay tener paciencia con quienes tienen dificultades para asimilar rápidamente el evangelio de las Buenas Noticias.

Pero dice Judas: "con los demás (los líderes refunfuñones y críticos, que hablan a algunos con arrogancia, ya otros los adulan), de estos dados Judas, señala que ni siquiera debemos contaminarnos con su ropa contaminada (¡Tremendo!, ¿no?). Creo que habla de mantener distancia con este tipo de personas.

Finaliza la carta centrándose en Jesucristo, su amor, su poder para mantenernos, con alegría, sin dobleces, Él es el único que merece toda la gloria, la majestad, el dominio y la autoridad ahora y para siempre, Amén. ¡Qué importante es una comunicación sin dobleces! ¿No le parece querido hermano? Bendiciones y ¡hasta la próxima!

## 27. Apocalipsis: comunicando gozo

Apocalipsis es una narración llena de diálogos, conversaciones, con una trama que puede cautivar al lector o confundirlo.

Conocemos los modelos de comunicación y sus componentes: Emisor, receptor o destinatario, mensaje, código, canal, contexto y la interacción. Podemos señalar otros aspectos que afectan la comunicación como por ejemplo el ruido, la decodificación y la cosmovisión de cada participante.

Para no complicarnos, vamos directamente al Apocalipsis señalando quiénes comunican, cómo lo hacen y qué factores pueden afectar la comprensión del mensaje.

Principales emisores: Jesucristo, Juan, ángeles.

Receptores: Juan, ángeles, iglesias, lectores y oyentes.

Existen en todo el libro varios mensajes en el libro. Señalaremos los principales (código, canal, contexto, ruidos, decodificación y cosmovisión del receptor si es posible).

El gran comunicador, Jesucristo presenta un saludo introductorio (1.1-4) explicando la metodología de comunicación: Dios – Jesucristo – ángel – Juan. El mensaje es transmitido en forma de revelación (visiones y conversación). Juan, uno de los receptores y decodificadores, se encarga de escribir en forma de relato con fidelidad lo que vio y escuchó.

Verbos comunicativos: Solo algunos, mostrar, relatar, escribir, hablar, decir, leer, escuchar u oír, responder, proclamar, exclamar, testificar, entender, cantar, adorar, alabar, clamar, llorar, gritar, bendecir, maldecir, engañar, mentir. Estos verbos, algunos aparecen con mucha frecuencia, y otros algunas veces (1.1 a 22.21).

Es bueno detenerse en los principales mensajes:

1 – Cristo vive y está presente (1.1 a 22.21).

2 – Cristo envía mensajes a las iglesias (1.19 a 3.22).

3 – Cristo es el centro del universo (4.1 a 5.14). – En Cristo cielo y tierra se tocan; Cristo es Señor de la historia de la humanidad (6.1-16.21). – Cristo es Señor de la victoria y de la vida eterna (17.1-22.5).

4 – Breves exhortaciones (22.6-22.21).

Podríamos añadir mucho en medio de esto, pero nos hemos delimitado a 600 palabras por artículo. Por lo tanto, solo señalamos que el libro de Apocalipsis es una narración llena de diálogos, conversaciones, con una trama que puede cautivar al lector, o también puede confundirlo. ¿Por qué esto? Bueno, este material está redactado en un lenguaje con muchos códigos.
Es posible que la mayoría de los códigos fueran perfectamente comprensibles para Juan y para los lectores y oyentes del siglo I y II. Existen aspectos que requieren una relectura del texto con un serio análisis literario y con un profundo sentir de la necesidad de la guía del Señor para no caer en interpretaciones que no sugiere el texto.

Muchas de las interpretaciones tradicionales del texto hoy en día, podrían tener bastante de imaginación, y no un serio compromiso con lo que realmente quisieron decir los emisores. Reconocemos que Apocalipsis es un texto que tiene algunas complejidades particulares. No por eso hay que desanimarse, ni desanimar a otros en el estudio de este texto.

Es importante comprender que el texto está redactado para transmitir gozo, y no para asustar o llenar de miedo a la gente. Aquí está el gran desafío: Comunicar lo que Jesucristo, Juan y los ángeles quisieron comunicar; y recibir este mensaje con gozo y esperanza.

No podemos negar las advertencias y las implicaciones de esta revelación. Pero apuntemos a decodificar este mensaje, muy oportuno para todos los tiempos y para todas las personas. Qué esta experiencia nos ayude a comunicarnos de una manera fluida con el Cordero, con el Testigo Fiel, el Gran Libertador, el Alfa y Omega, el Hijo del Hombre, el Dios Todopoderoso.

Aquí llegamos al final de los muy breves comentarios de los libros de la Biblia sobre la comunicación. Como ya lo señalamos lo ideal es ir leyendo cada uno de los libros detenidamente, subrayando con colores las acciones comunicativas y preguntando: ¿Quién habla? ¿Quién escucha? ¿Hay un diálogo? ¿Existen ruidos o interferencias? ¿Cuáles son los canales? ¿Qué es lo más importante en el acto comunicativo en este texto? ¿Cómo puedo aplicar esto a mi comunicación cotidiana? ¿Cómo puedo aplicar esto a la comunicación en la iglesia? ¿De qué forma puedo comunicar este mensaje a personas que no son cristianas? y otras preguntas más.

Deseo que el Señor le bendiga con la iluminación del Espíritu Santo para poder descubrir cosas que puedan transformar maravillosamente su comunicación.
¡Muchas bendiciones!

**Referencias y agradecimientos**

No he puesto en los artículos ninguna referencia bibliográfica, sencillamente porque lo que he escrito fueron ensayos únicamente utilizando la Biblia. Pero mi afirmación no es verdadera en su totalidad, ya que no es posible escribir algo en el vacío. Posiblemente en mi mente hayan existido recuerdos de predicaciones que escuché, libros o artículos que leí, clases que cursé, programas de TV que vi, etc.

Para intentar ser justos quiero recordar a algunas personas específicas que me ayudaron a comprender de manera mejor la dinámica de la Teología de la Comunicación y que me incentivaron a profundizar en ello.

De Paraguay, Mag. Leonard Janz (Revista La Fuente), el Dr. Arnoldo Wiens (Comunicador y Político), y a los profesores de teología: el Dr. Flavio Florentín (quién me incentivó a estudiar la carrera de Periodismo), la Dra. Marlene Enns, el Dr. Alfred Neufeld y el Dr. Gerhard Ratzlaff (Instituto Bíblico Asunción IBA).

Mucho de lo que aprendí sobre relacionar la teología con la comunicación en el siglo XXI, la aprendí con varios teólogos de la Fraternidad Teológica Latinoamericana quienes vinieron a Paraguay a dar semanas especiales de Misión Integral de la Iglesia:

El Dr. Juan Stam (Costa Rica); el Dr. Robinson Cavalcanti (Brasil), el Dr. Justo González (Cuba) y el Dr. Marcos Backer (Americano Hondureño). Tampoco puedo dejar de mencionar a otros teólogos que influyeron profundamente en mi pensamiento: el Prof. Juan Driver (Americano Español), el Dr. René Padilla (Latinoamericano) y José Antonio Pagola (Español).

Bueno, tantas cosas en la mente, y posiblemente me haya olvidado de alguien. Claro, también agradecer a los hermanos de Evangélico Digital, quienes me dieron esta oportunidad de escribir.

**¿Cómo formar en su iglesia local un ministerio de comunicación?**

Hoy muchas iglesias aún no comprenden cómo realizar la comunicación interna y externa con las nuevas herramientas digitales.

Creo que es un buen momento para hablar del tema de la Comunicación y la iglesia local en América Latina.

Esta idea me surgió allá por el 2005, cuando recorriendo pequeñas iglesias evangélicas en Paraguay con el ministerio Alfalit y cursando la carrera de Periodismo noté de primera mano lo dificultoso que resultaba el tema de una comunicación fluida entre los líderes y los miembros, y entre los miembros y la comunidad.

En ese tiempo la mayoría de las personas no tenían teléfonos inteligentes y recién a partir del 2008 empezó a utilizarse la red Facebook en idioma español.

Para el 2010 yo había notado el rápido crecimiento de esta red social en las principales ciudades de mi país.

Las iglesias aún tenían cierta desconfianza en la nueva tecnología, pero una que otra iglesia empezó a implementarla.

De todas maneras, hoy luego de 10 años muchas iglesias no comprenden muy bien cómo realizar la comunicación interna y externa con las nuevas herramientas digitales.

En enero de 2010 iniciamos un proyecto denominado Buenas Noticias Ilimitadas (#redBnil). Nuestra idea fue observar primeramente cómo las principales iglesias del mundo utilizaban las redes sociales, y luego realizar una capacitación de un día en diferentes iglesias.

Nuestra sugerencia actualmente es que cada iglesia puede formar su equipo de comunicadores voluntarios en cualquier lugar de América Latina (no necesariamente periodistas, quizás jóvenes que manejen el tema de las redes sociales), que con ideas claras puedan llevar adelante este ministerio (aunque este ministerio no debería centrarse únicamente en el manejo de las tecnologías).

En este momento la red recopiló una serie de videos que le pueden ser útiles. Los videos están ordenados de manera lógica y secuencial como para que cualquiera pueda analizarlos (sugerimos dos o tres videos por semana; hay algunos de una hora de duración, pero la mayoría duran entre 5 y 15 minutos)

Los materiales son totalmente gratuitos y cualquiera puede descargarlos:

Es un buen momento para que cada pastor o equipo de liderazgo seleccione un líder que consiga un grupo de personas que se capaciten en la misma iglesia o en una casa durante 5 o 6 meses, pero que puedan ya ir implementando un plan de comunicaciones para el año.

Estaré orando por cada lector, para que se entusiasmen con la idea de formar un ministerio de comunicación. Comparte este artículo con tu pastor y tus amigos. Estamos seguros que este proyecto funcionará.

Serie de videos: https://redbnil.wordpress.com/videos-redbnil/

Introducción a la Teología de la Comunicación: https://redbnil.wordpress.com/redbnil-01/

Manual de Comunicación para la iglesia local: https://redbnil.wordpress.com/redbnil-02/

Blog de Wolfgang A. Streich https://wsparaguay.wordpress.com/

Red Buenas Noticias Ilimitadas: https://redbnil.wordpress.com/

Revista Zoom In: El evangelio visto de cerca: https://redbnil2.wordpress.com/

¡Muchas bendiciones!

Wolfgang A. Streich

Red Buenas Noticias Ilimitadas – Asunción, Paraguay.

redBnil@gmail.com

+595 971 316800

Printed by Books on Demand GmbH, Norderstedt / Germany